SYLT
INSIDER-TIPP
Deine Abkürzung ins Erleben!
Reisen mit MARCO POLO Insider-Tipps

W0242206

MARCO POLO TOP-HIGHLIGHTS

BRADERUPER HEIDE ★1
Eine Art Lüneburger Heide in Klein – und mit Meerblick!
📷 *Tipp: Bei diesigem, dunstigem Wetter über die Heideflächen aufs Wattenmeer halten – mystisch!*

➤ S. 60, Braderup

GOLFPLATZ BUDERSAND ★2
Was ein Links Course ist? Das kannst du hier erleben. So spektakulär, dass Hotel und Restaurant zur Nebensache werden.
📷 *Tipp: Von der Strönholt-Terrasse über den Golfplatz aufs Meer – zu jeder Tageszeit ein super Panorama!*

➤ S. 34, Sport

SYLTER HEIMATMUSEUM ★3
So haben sie also gelebt, die alten Sylter – ganz schön eng!
📷 *Tipp: Im Garten bis ans Grüne Kliff gehen: Dort gibts Motive von List bis zum Morsum-Kliff.*

➤ S. 64, Keitum

ERLEBNISZENTRUM NATURGEWALTEN SYLT ★4
Nordsee und Wetter, Wind und Watt: Nach dem Besuch weißt du eine ganze Menge mehr über das, was da draußen so passiert.
📷 *Tipp: Ab auf die Dachterrasse – der Blick reicht bis nach Dänemark. Was für eine Weite!*

➤ S. 43, List

WANDERDÜNEN ★5
Im gleißenden Sonnenlicht wirken die gewaltigen Wanderdünen im Listland von Weitem wie verschneite Berge.
📷 *Tipp: Von den Parkplätzen an der Straße Richtung Kampen glühen die Dünen abends dunkelgold.*

➤ S. 43, List

MORSUM-KLIFF 6

Musst du sehen, gibts vielleicht nicht mehr lange: Das bunte, vom Klimawandel bedrohte Kliff ist ein geologischer Glücksfall.

➤ S. 69, Morsum

RANTUMBECKEN 7

Der Deich trennt wasserumspülte Schilfflächen vom Wattenmeer: eines der schönsten Vogelschutzgebiete an der Nordseeküste.

➤ S. 89, Rund um Rantum

SANSIBAR 8

Viel gerühmt, manchmal geschmäht – auf jeden Fall unverzichtbar: Herbert Secklers Feinschmecker-„Bude" zwischen Dünen und Strand.

➤ S. 87, Rantum

ROTES KLIFF 9

Wenn die Sonne glutrot überm Meer untergeht, siehst du, woher das berühmte Kliff an der Westküste seinen Namen hat (Foto).

Tipp: Vom Kliffweg zwischen Wenningstedt und Kampen bei Sonnenuntergang in Richtung Norden halten – spektakulär!

➤ S. 57, Wenningstedt

ST. SEVERIN 10

Ein Sylter Wahrzeichen, umgeben von einem schönen Friedhof. Und Orgelkonzerte voller Atmosphäre!

Tipp: Hinhocken und über Grabsteine und immergrüne Gehölze hinweg den wuchtigen Kirchturm ins Visier nehmen.

➤ S. 65, Keitum

INHALT

⏲	Besuch planen	🍴	Essen/Trinken
€-€€€	Preiskategorien	🛍	Shoppen
(*)	Kostenpflichtige Telefonnummer	🍸	Ausgehen
		⛱	Top-Strände

(🗺 A2) Herausnehmbare Faltkarte
(🗺 a2) Zusatzkarte auf der Faltkarte
(0) Außerhalb des Faltkartenausschnitts

BESSER PLANEN MEHR ERLEBEN!

Digitale Extras
go.marcopolo.de/app/syl

DAS BESTE ZUERST

Für Superlativsammler: „List-West" am Ellenbogen, Deutschlands nördlichster Leuchtturm

BEST OF

BEI REGEN

SCHÖN, AUCH WENN ES REGNET

AUFGUSS AM STRAND

Der ganz besondere Kick bei einem Besuch in einer der vier Sylter *Strandsaunen* ist das erfrischende Bad in der Nordsee danach. Teste das mal bei richtig fiesem Schietwetter – dann ist der Genuss gleich doppelt so groß!

SHOPPING MAL ZWEI

Vom *Lister Markt* bis zur *Tonnenhalle* sind es nur 500 m – das schaffst du locker auch ohne Kopfbedeckung. Oder du kaufst dir eben eine!

➤ S. 46, List

ZU BESUCH BEI TASCHENKREBSENS

Das so wehr- wie schmackhafte Krustentier teilt sein kleines Reich im *Sylt-Aquarium* (Foto) mit anderen Nordseebewohnern – von der Strandschnecke bis zum Katzenhai. Im angeschlossenen Bistro bekommst du aber, schon aus Taktgefühl, Fisch nur in Stäbchenform.

➤ S. 77, Westerland

RENDEZVOUS MIT ROTSCHENKEL & CO.

Wenn du wissen willst, was dir beim Wandern so über den Weg flattert oder was da im Watt herumschwimmt, nutz einen Regentag doch einfach zur Vorbereitung deiner nächsten Exkursion im *Naturzentrum Braderup!*

➤ S. 60, Braderup

KEITUMS KUNSTHANDWERKER

Wenn's ordentlich schüttet, kannst du dich im *Galerienhopping* bei Gold- und Silberschmieden, Glasbläsern, Keramikern und Töpfern, Schmuckdesignern, Webern und Malern versuchen.

➤ S. 31, Keitum

MARITIMES ZENTRUM IM TROCKENEN

Im *Erlebniszentrum Naturgewalten* erfährst du die Nordsee virtuell, futterst im Bistro und stöberst im Shop nach was Schickem für die Lieben daheim.

➤ S. 43, List

BEST OF

LOW-BUDGET

FÜR DEN KLEINEN GELDBEUTEL

GALERIE DER BUNTEN BILDER

Wenn du schon immer mal Gemälde von Udo Lindenberg oder Otto sehen wolltest, dann kommst du in diesen Kunstgenuss in der *Hof-Galerie* – und zwar gratis.

➤ S. 80, Westerland

RUNDER SPIELSPASS

Umsonst und draußen: der *Bouleplatz* im schicken Kampen. Zusatznutzen: Du kommst beim Boulen mit netten Leuten ins Gespräch!

➤ S. 53, Kampen

FISCH & FRIKADELLEN

Günstig satt wirst du in den fünf *Blum-Bistros (www.sylter-fisch.de)* in Westerland, Tinnum und Wenningstedt. Und ein echter Geheimtipp ist der Imbiss *Söl Kitchen (Mo–Fr 7–17.30 Uhr | Zum Fliegerhorst 3–9 | söl-kitchen.de)* in Tinnum: Hier ist jedes Tagesgericht nicht nur günstig, sondern auch ein Gedicht!

VOLLES PROGRAMM AN DER PROMENADE

Bei einem der kostenlosen *Gymnastikkurse* am Strand kannst du dich auspowern. Danach setzt du dich auf die Promenade und hörst dir ein *Konzert* in der Musikmuschel an. Und ein paar Schritte weiter im Syltness-Center kannst du in der *Leselounge* Zeitschriften durchblättern.

➤ S. 82, Westerland

ENTEN UND ANDERE VÖGEL

Bei einer Führung in der *Eidum-Vogelkoje* erfährst du alles über den einstigen Zweck einer solchen Anlage und über ihre Bedeutung als Naturreservat heute.

➤ S. 89, Rund um Rantum

GÜNSTIG SHOPPEN?!

Doch, das geht auch auf Sylt: in Tinnum im *Secondhand-Kaufhaus (Mittelweg 5 | second-hand-sylt.de)* und – für Kekse & Co. – im *Bahlsen Outlet (Kiarwai 3).*

BEST OF

MIT KINDERN

SPANNENDES FÜR GROSS & KLEIN

DEM WATTWURM AUF DER SPUR
Unter Titeln wie diesem veranstaltet die *Schutzstation Wattenmeer* ihre spannenden Wattführungen für Kinder. Für die ist so ein Spaziergang zu Krabben & Co. ein Riesenerlebnis.
➤ S. 90, Hörnum

PIRATES OF THE NORTH SEA
„Auf zur Kaperfahrt!" heißt es mehrmals wöchentlich im Lister Hafen. Dann legt die *Gret Palucca* mit einer Horde stilecht gekleideter Juniorpiraten zu einer garantiert unvergesslichen Tour ab.
➤ S. 47, List

EINMAL CLOWN SEIN
Oder jonglieren lernen, mit dem Einrad fahren und noch mehr, was ein richtiger Artist so draufhaben muss. Wer sich rechtzeitig anmeldet, kann das alles im *Mignon Inselcircus (circus-mignon.de)* in Wenningstedt lernen und bei der Abschlussvorstellung präsentieren.

FLAMINGO TRIFFT AUSTERNFISCHER
Der *Tierpark* in Tinnum ist ein Kleinod mitten in der Marsch: Kinder können Esel streicheln, Ziegen füttern und im großen Spielbereich Tretboot fahren oder in der Hüpfburg hopsen.
➤ S. 73, Tinnum

SKATE- UND SPRUNGSPASS
Sprungfelder im 55-Grad-Winkel, Slacklines, Pumptracks und auch ganz normale Trampolins für die Kleinsten: Das gibts alles in der *Sylt-4-Fun-Arena* direkt am Strandübergang.
➤ S. 56, Wenningstedt

IN BÄLLEN BADEN
Drei Rutschen, ein Wikingerschiff, ein Planschbecken und ein Bällebad für Trockenschwimmer: Das Angebot der *Sylter Welle* für Kids, denen die Nordsee zu langweilig ist, kann sich sehen lassen.
➤ S. 82, Westerland

BEST OF

TYPISCH

DAS ERLEBST DU NUR HIER

STRANDBUDE? NEE, RESTAURANT!

Austern oder knusprige halbe Enten, Seezungen oder Pannfisch: Auf Sylt ist das, was zunächst wie eine bessere Imbissbude in den Dünen aussieht, fast immer auch ein Gourmettempelchen.
➤ S. 28

LEBEN UND LEBEN LASSEN: SYLTS STRÄNDE

Mit dem Feldstecher sollen einst die Paparazzi in den Dünen gelegen haben, um Promis, Nackte und nackte Promis am legendären FKK-Strand *Buhne 16* vors Objektiv zu bekommen. Das ist zwar heute vorbei, doch der Strand ist – wie alle anderen auf der Insel – immer noch traumhaft schön.
➤ S. 53, Kampen

DIE WELLE REITEN

Angehende Windsurfer üben z. B. mit *Syltsurfing* im Wattenmeer vor Munkmarsch, Brandungssurfer finden u. a. am *Brandenburger Strand* Lehrer und (fast) immer eine Welle.
➤ S. 61 und 82, Munkmarsch und Westerland

BERGE AUS SAND

Dünen (Foto) prägen das Landschaftsbild und schützen das Inselinnere vor Wind und Wetter. Und die riesigen *Wanderdünen* der „Sylter Sahara" sind so etwas wie das sandige Sahnehäubchen auf der spektakulären Landschaft im Inselnorden.
➤ S. 43, List

GOSCHEN GEHEN

Du kommst nicht drum herum: Wenigstens einmal im Sylturlaub musst du dich ins Getümmel stürzen und dir bei *Gosch* einen Teller mit Bratfisch oder ein Fischbrötchen reinziehen – am besten da, wo alles anfing, am Lister Hafen. Hardcorefans kaufen natürlich auch noch einen Plüschhummer …
➤ S. 46, List

SO TICKT SYLT

Nach der Welle ist vor der Welle: Surfer am Westerländer Strand

ENTDECKE SYLT

Sonnenuntergang am Weststrand: ein Anblick, der schon viele süchtig machte

„Ich fahr' auf die Insel": Das muss als Auskunft genügen. Schließlich kann es für echte Syltfans nur eine geben. Diese Insel ist – anders als das Klischee es will – zuallererst Natur pur. Und zu ihrer großartigen Strand- und Dünenlandschaft gesellt sich ein ebensolches Angebot für Gourmets, Sportler und Kulturgenießer: Genau diese Mischung macht „die Insel" so faszinierend.

WIND, WELLEN & WETTER

Der oben zitierte Syltfan ist ohnehin eine ganz besondere Art Urlauber: Wassertemperaturen, die auch im Sommer nur selten die 20-Grad-Marke erreichen, schrecken ihn ebenso wenig wie Stürme im Frühjahr und im Herbst oder die gar

Um 4000 v. Chr. Erste Besiedlung. Die Bewohner schaffen gewaltige Megalithgräber („Hünengräber")

12. Jh. Erste urkundliche Erwähnung Sylts. Die ersten Inselkirchen werden errichtet

1436 Die Allerheiligenflut verschlingt Eidum und Alt-Rantum

1855 Westerland wird Seebad und verzeichnet 98 Kurgäste

1888 Die 1970 stillgelegte Inselbahn nimmt den Betrieb auf

1927 Der 11,2 km lange Hindenburgdamm wird eingeweiht

nicht so geringe Wahrscheinlichkeit von Schauerstaffeln auch zur Hochsaison. Begeistert kehrt er jedes Jahr wieder. Nicht, dass es auf Sylt keine windstillen Sommertage gäbe, verschneite Winteridylle oder Dolce Vita am Strand – nur rechnen darf man damit nicht! Ob jemand, der Sylt das erste Mal besucht, zum Syltfan wird oder nicht, entscheidet sich sehr schnell. Ein Strandspaziergang bei starkem Gegenwind: gigantisch oder einfach nur grausam? Ein Bad in der rauen Sylter Brandung: belebend und berauschend oder eher beängstigend? Ein Spaziergang durch die einsame Landschaft des Listlands: lohnend oder langweilig?

Vermutlich erging es auch den ersten Badegästen nicht anders, die Mitte des 19. Jhs. nach einer mühevollen Schiffsreise von Cuxhaven oder Husum die Insel erreichten. Die mussten sich damals auch noch damit abfinden, unter denselben kärglichen Bedingungen zu leben wie die Fischer und Bauern, bei denen sie Quartier bezogen. Viele schwärmten trotzdem von den überwältigenden Eindrücken während ihres Aufenthalts – die ersten echten Syltfans. Heutzutage hingegen ist das Angebot an Hotels, Apartments, Kneipen und Restaurants kaum noch überschaubar.

Los ging das alles, als 1927 der Hindenburgdamm zwischen Insel und Festland fertig war und Gäste bequem mit der Bahn anreisen konnten. Als dann in den 1960er-Jahren der Jetset die Insel für sich entdeckte, war Sylt endgültig in die erste Liga der Urlaubsziele aufgestiegen. „Insel der Nackten und Reichen" hieß es nun, ein Klischee, das sich lange halten sollte. Glücklicherweise ist es damit

1960er-Jahre Der Jetset macht Kampen bundesweit berühmt

1972 Erste Sandvorspülung zur Sicherung der Küste

1985 Schleswig-holsteins Wattenmeer wird Nationalpark

2009 Das deutsche Wattenmeer wird Unesco-Weltnaturerbe

2013–2018 Die Sandvorspülungen vom Frühling fallen regelmäßig den Winterstürmen zum Opfer

2020 In List eröffnet das Luxuswellnessdomizil Lanserhof vorbei – längst gönnen sich Menschen aus allen Schichten einen Sylturlaub. Die Insel hat für so gut wie jedes Bedürfnis und Portemonnaie ein Angebot parat.

SCHÜTZENSWERTES SYLT

Damit wären wir wieder beim echten Syltfan, der manchmal tatsächlich nackt und manchmal auch reich ist – der aber ganz bestimmt ein Faible für die Natur haben muss. Diese einzigartige Natur, derentwegen die Gäste kommen, muss immer öfter sogar vor ihren Verehrern geschützt werden. Da Landschafts- und Naturschutzgebiete immerhin fast die Hälfte der Sylter Fläche ausmachen, sind Konflikte an der Tagesordnung. So etwa mit solchen Gästen, die sich über die Sensibilität des insularen Ökosystems nicht im Klaren sind und beispielsweise trotz Verbot die Dünen betreten.

Langjährige Syltfans kehren ihrer Liebe auch aufgrund des stetig wachsenden Auto- und Flugverkehrs den Rücken. Ein Grund für die Zunahme des Letzteren: Immer mehr Touristen kommen nur zu Kurztrips auf die Insel – einfach mal übers Wochenende oder zu einem der zahlreichen Events, von Surfweltcup über Harley-Days bis zu Golf- und Poloturnieren. Nicht zuletzt stellt also „die Masse Mensch" die größte Gefahr dar für die ökologische und infrastrukturelle Gesundheit der Insel: In der Hochsaison sind teilweise weit über 160 000 Menschen gleichzeitig auf der nur 99 km^2 großen Insel. Damit wird ihre Belastungsgrenze weit überschritten – der alltägliche Stop-and-go-Verkehr in Westerland und bis zu 30 Starts und Landungen von Düsenjets am Tag illustrieren das eindrucksvoll.

INSEL FÜR ALLE JAHRESZEITEN

Doch trotz der saisonalen Verkehrsprobleme ist Sylt – gemessen an anderen europäischen Urlaubszielen – immer noch idyllisch, weil hier Meer und Wind den Lebensrhythmus bestimmen und weil einsame Plätze nach wie vor zu finden sind, besonders in der Nebensaison, wenn keine Events anstehen, die vielen Zweitwohnungs- und Zweithausbesitzer die Rollläden runterlassen, die Gastronomen und Hoteliers einmal tief durchschnaufen und es auf der Insel entspannter und ruhiger zugeht. Immer mehr Urlauber kommen deshalb auch im Winter: Wer sich nach einem Strandspaziergang bei Eiseskälte und Sonnenschein gemütlich an einem Punsch wärmt, der fühlt sich genauso erfrischt wie nach einem sommerlichen Bad in der Brandung.

Ein weiteres Plus neben der Natur ist die Alternative zu dieser: Mit seinen vielen attraktiven Angeboten besitzt Sylt die nötige Infrastruktur, um einen Urlaub ausgesprochen abwechslungsreich zu gestalten. So ist etwa die große Anzahl an hervorragenden Restaurants auf so engem Raum ziemlich einmalig. Mach dich also auf die Suche nach „deinem" Sylt, dieser faszinierenden Welt für sich, deren Magie der Verleger und Syltfan Peter Suhrkamp geradezu lyrisch so beschrieb: „Die Größe des stillen Himmels, in der das Inselpanorama klein eingeschlossen ist, gibt erst das Unerschöpfliche."

AUF EINEN BLICK

1 Mio. m³
Sand
verliert Sylt jährlich durch Wind und Brandung

30 Prozent
(34 km²)
der Inselfläche sind Naturschutzgebiete

39 km
Längster Strand
St. Peter-Ording: 12 km

14.400 €/m²
kostet eine Eigentumswohnung in Kampen
Garmisch-Partenkirchen: 5700 €/m²

SYLTER ROYAL
300.000
Austern werden pro Jahr auf Sylt verzehrt

HÖCHSTE WASSERTEMPERATUR
August
20 °C

GÄSTEBETTEN
60.000

BEKANNTE HAUSBESITZER EINST UND JETZT

Rudolf Augstein, Peter Suhrkamp, Fritz J. Raddatz, Heinz Schubert („Ekel Alfred"), Hermann Göring, Axel Springer, Henri Nannen, Karl-Heinz Rummenigge, Jürgen Klopp, Johannes B. Kerner, Günther Jauch, Reinhard Mey

1000 FLASCHEN
„Sölring"
ergab die Weinlese 2018 in Keitum

6000 KILOGRAMM
WIEGT EINE EINZIGE TETRAPODE

SYLT VERSTEHEN

MEERSCHWEINE

An Vierbeinern hat Sylt außer Schafen sowie ein paar Rehen im Morsumer Wald und Vertretern der absonderlichsten Hunderassen auf der Westerländer Promenade nicht viel zu bieten. Dafür aber hat die Insel ein anderes Säugetier im Portfolio: den Schweinswal. Woher der Name kommt? Wegen seiner stumpfen, schweineähnlichen Schnauze hieß das arme Tier bis ins Mittelalter auf Lateinisch *porcus marinus* – Meerschwein. Wer am Weststrand geduldig Ausschau hält (Fernglas!), kann die Rückenflossen der kleinen Wale gut erkennen. Das Meer vor Sylt ist nämlich Walschutzgebiet und die Kinderstube der Schweinswale. Zwölf interaktive Tafeln entlang der Kliffe und Strände der Westküste informieren zudem auch über andere Meeresbewohner, Klima- und Küstenschutz: *sylt.de/blog/whalewatcher-trail-sylt.html*

INSIDER-TIPP
Meerschwein gehabt?!

HURRA, ES BRENNT!

Wenn es am 21. Februar dunkel wird, lodern an neun Stellen auf der Insel große Feuer: Die Biiken brennen. Während die riesigen Haufen *(Biiki = Seezeichen)* aus Gestrüpp, Weihnachtsbäumen und Altholz langsam niederbrennen, werden geistige Getränke gereicht und flammende Reden gehalten, meist auf Friesisch, manchmal auf Plattdeutsch. Nach dem Absingen der Sylter Nationalhymne *Üüs Söl'ring Lön* („Unser Sylter Land") geht es dann zum gemeinschaftlichen Grünkohlessen. Der Ursprung des Fests ist ein heidnischer: Das Biikebrennen sollte böse Geister vertreiben und die neue Saat beschützen. Heutzutage ist der uralte Brauch – er gehört zum immateriellen Unesco-Weltkulturerbe – auch ein touristisches Event: Auf Sylt ist dann mitten im Februar für ein paar Tage Hochsaison.

SYLTER FRIESISCH

Egal ob du im *Uurs,* im *Somer,* im *Härevst* oder im *Wunter* nach *Söl* fährst, egal ob zu *Puask* (Ostern), zu *Pingster* oder zu *Jööl* (Weihnachten) – *Söl'ring,* das Sylter Friesisch, wird dir meist nur noch auf den zweisprachigen Ortsschildern begegnen, z.B. auf dem Bahnhof von *Weesterlön.* Denn dieser Dialekt des Friesischen ist akut vom Aussterben bedroht – schätzungsweise an die 1000 Erwachsene und Schulkinder sprechen noch *Söl'ring.* Ja, Friesisch ist, genau wie Plattdeutsch, eine eigenständige Sprache, die sich bis ins frühe 8. Jh. zurückverfolgen lässt und am ehesten mit Englisch und Dänisch vergleichbar ist. Weil die friesischen Dialekte – es gibt mehr als zehn – ziemlich unterschiedlich sind und Friesisch niemals eine Schriftsprache war, wurde im Lauf der Zeit Plattdeutsch zur Alltagssprache. Die 1400 Mitglieder des Vereins Söl'ring Foriining *(soelring-foriining.de)* versuchen mit ihren Aktivitäten, die Sprache am Leben zu erhalten. Hoffen wir, dass es gelingt, denn sonst: *Faarwel, Söl'ring …*

Prominenteste der ca. 1500 Tierarten mit Wohnsitz Watt: die Auster

WATTGEMÜSE & HAGEBUTTENSEIFE

Die insularen Landschaften Watt, Dünen und Heide bieten mehr Pflanzenarten Lebensraum, als man vermuten würde, aber – nur die Harten komm'n in'n Garten! Anspruchslos und widerstandsfähig müssen sie sein, wie am Wegrand der Ginster, im Watt der Queller – der längst auch als mineralreiches Gemüse Karriere macht – oder auf den Dünen der im Sonnenlicht flirrende Strandhafer. Auf der Heide ist die purpurviolett blühende Erika ein Gourmetrestaurant für viele Insekten. Eingewandert aus Sibirien ist die Kartoffelrose. Sie blüht rosa oder weiß, duftet himmlisch und im Spätsommer leuchten ihre dicken Hagebutten in sattem Orange. Dank ihrer starken, langen Wurzeln wächst sie so gut wie überall und macht sich entsprechend breit: auf den Friesenwällen in den Dörfern, am Wegrand und in den Dünen. So wird sie trotz aller Schönheit mancherorts zur pflanzlichen Plage. Nützlich ist sie aber auch: Aus ihren Blüten und Früchten macht man Seife, Marmelade und Tee.

GLIBBERIGE GAUMENSCHMEICHLER: SYLTER AUSTERN

Als 1804 die „Fiskalischen Austernstuben" – heute der Alte Gasthof – in List eröffneten, war das Wattenmeer vor Sylt noch ein Schlaraffenland für Austernfischer und ihre Abnehmer. Der Appetit der einen und die Geldgier der anderen sorgten allerdings dafür, dass die Europäische Auster in der deutschen Nordsee Anfang des 20. Jhs. ausstarb. Was also tun, um die glibberigen Gaumenschmeichler den Gourmets wieder anbieten zu können? Züchten hieß das Zauberwort. Mit der Ansiedlung der Pazifischen Auster gelang das und heute ist die von Dittmeyer's Austern-Compagnie in der Blidselbucht gezüchtete „Sylter Royal" in aller Munde bzw. in denen

Die tollkühnen Männer auf ihren wiehernden Rössern: Poloturnier in Keitum

derer, für die ein Sylt-Urlaub ohne diese Delikatesse nicht rund ist.
Noch charakteristischer für Sylt als das Austern schlürfende Publikum ist ein bunter Vogel, der zwar Austernfischer heißt, sich aber mit Muscheln als Hauptgericht begnügt: Rote Beine, roter Schnabel, schwarz-weißes Gefieder – nicht von ungefähr wird er auch „Halligstorch" genannt. Bei aller Eleganz im Outfit ist sein Auftritt aber eher ordinär: Er pfeift allem und jedem gellend hinterher – du wirst es merken!

DIE INSEL SCHRUMPFT

Wann bricht Sylt durch? Wann wird die Südspitze zur Insel? Ist Sylt noch zu retten? Jedes Jahr zu Beginn der Sturmsaison im Herbst dieselben Fragen. So etwas wie eine Antwort liefert dann Schleswig-Holsteins Landesbetrieb für Küstenschutz in trockenem Behördendeutsch: „Von Mitte April bis Mitte Oktober werden rund 0,82 Mio. m^3 Sand auf 5,2 km Strandlänge aufgespült. Die Sandaufspülungen kosten in diesem Jahr insgesamt ca. 5 Mio. Euro." Tja – würde man das nicht machen, würde man seine Westküste nicht seit 1984 regelmäßig mit neuem Sand aufpolstern, um die enormen Sandverluste durch die Sturmfluten auszugleichen, dann gäbe es Sylt, so wie wir es kennen, schon nicht mehr. Nirgendwo anders in Deutschland hinterlässt der Klimawandel – Anstieg des Meeresspiegels und vermehrt auftretende starke Stürme – so deutliche Spuren wie an der exponierten Sylter Westküste: Besonders eindrücklich lässt sich das am Roten Kliff beobachten, wenn alljährlich im Winterhalbjahr Sturm und Brandung gewaltige Brocken aus der Kliffkante reißen. In den letzten Jahren schlug der Blanke Hans auch auf der Wattseite zu und nagte ganz gewaltig am Morsum-Kliff. Ein schöner Fleck fürs Klimawandel-

Spotting sind auch die beiden Schmalstellen südlich von Rantum, wo im Winter oft große Seen in den Dünentälern stehen. Oder Sylts Südspitze, die Hörnum-Odde: Seit 2012 wird sie Jahr für Jahr um 50–100 m kürzer, ihr südlicher Teil wurde schon einmal fast komplett von der Insel getrennt; auf Dauer wird sie nicht zu retten sein.

HOCH ZU ROSS

Die einen setzen sich auf ihr Pferd und greifen zur Lanze, die anderen nehmen einen langen Schläger, Stick genannt, und haben sogar zwei Pferde dabei. Die einen sind Einzelkämpfer, die anderen Teamplayer. Erstere müssen im Galopp an einem Gerüst aufgehängte Ringe verschiedener Größen (bis hinunter zu winzigen 12 mm Durchmesser!) aufspießen, das sind die Ringreiter. Letztere müssen im Galopp einen Ball (den Polo) ins gegnerische Tor bugsieren, entweder auf dem grünen Rasen oder am Strand, das sind die … genau. Beide tragen auf Sylt Turniere aus – die einen seit 180, die anderen seit 20 Jahren. Der Spaß beim Zuschauen ist bei beiden Sportarten gleichermaßen groß. *ringreiten.de, polosylt.de*

MOIN!

Nein, die Nordfriesen wünschen sich nicht zu jeder Tageszeit einen guten Morgen, auch wenn es so klingen mag. Die gegenseitige Begrüßung mit einem *Moin* – je nach Laune mal gemuffelt, mal munter – ist guter alter Brauch. Vermutlich leitet sich der Gruß vom friesischen *moi* („gut", „schön") ab, man wünscht sich also „einen Guten".

KLISCHEE KISTE

ALLES VIEL ZU TEUER

Ja, in einer Kampener Boutique kann ein hauchdünnes Synthetikjäckchen schon mal 4500 Euro kosten; und ja, es gibt immer noch Unterkünfte, in denen man für ein kleines, nach Hund müffelndes Zimmer in der Hauptsaison 250 Euro am Tag abdrücken muss. Aber wer kauft schon in Kampen ein … Und bei Hotels sind solche Ausreißer längst die Ausnahme. Noch was: Es gibt nicht nur Nobelrestaurants und das Preis-Leistungs-Verhältnis in den allermeisten Lokalen ist absolut in Ordnung. Das muss auch mal gesagt werden!

PROTZIG & PROLLIG

Ja, es gibt sie noch, die goldkettchenbehängten, sonnengegerbten Syltveteranen, die bei ihren „Auftritten" so tun, als gehöre ihnen die ganze Insel. Auch solariumgebräunte Damen jeden Alters schwenken ihre Täschchen auf dem Strönwai oder der Friedrichstraße und bedienen damit jedes Klischee, das immer noch über Sylt kursieren mag. Und immer mal wieder machen alkoholisierte Gruppen von Tagesgästen Alarm in der Westerländer City. Doch die wirklich Reichen müssen sich nicht präsentieren, die sieht man kaum, die sitzen hinter hohen Hecken in ihren Kampener und Keitumer Refugien …

DÜNENRETTER

Neben dem Strand und den Wiesen der Marsch prägen vor allem Dünen das Sylter Landschaftsbild – fast ein Drittel der Insel besteht aus ihnen. Zusammengehalten werden die vom ewig wehenden Westwind aufgehäuften Sandhügel vom Wurzelwerk des Strandhafers. Der hat zwei erstaunliche Eigenschaften: Er kann auch durch eine über 1 m dicke Sandschicht bis ans Tageslicht wachsen und seine Wurzeln sind so weit verzweigt, dass das Wurzelwerk einer einzigen Pflanze, würde man es aneinanderreihen, 35 km weit reichen würde – Sylt ist 38 km lang. Hätte man nicht im 19. Jh. begonnen, die Dünen planmäßig mit Strandhafer zu bepflanzen, sähe es vermutlich auf ganz Sylt so aus wie im Listland, der „Sylter Sahara": Dort liegen die einzigen Wanderdünen Deutschlands, drei bis zu 35 m hohe Sandberge, die sich in aller Ruhe immer weiter nach Osten bewegen – 4 m schaffen sie jedes Jahr.

WATT'N WELTERBE!

Das Watt, diese Meerlandschaft vor der Nordseeküste, ist weltweit einzigartig – mit einer ebenso einzigartigen ökologischen Bedeutung, die weit über seine Grenzen hinausreicht. Für mehr als 1500 Tierarten ist das Wattenmeer Lebensraum und Nahrungsquelle, von der Wattschnecke – von der unvorstellbare 50 000 Exemplare auf einem Quadratmeter Wattboden leben können! – bis zum Seehund. Nicht weiter verwunderlich also, dass das Wattenmeer, das von Holland bis Dänemark reicht, Teil des Unesco-Weltnaturerbes ist. Das schleswig-holsteinische Wattenmeer ist außerdem Nationalpark, und zwar Deutschlands größter. Die Inseln mit ihren Stränden gehören allerdings nicht dazu, was Fischer, Touristiker und Surfer gleichermaßen freut. Naturschützer sind eher besorgt – doch immerhin wurde zwischen Sylt und Föhr eine sogenannte Nullnutzungszone eingerichtet. Weitere große Gebiete um Sylt herum gehören zur Nationalparkzone 1, was bedeutet, dass sie nur von Fischern und im Rahmen geführter Wattwanderungen betreten werden dürfen.

JÜRGEN & HERBERT

Der eine kommt von Eiderstedt, ist gelernter Maurer und wirkt seit 1967 auf Sylt. Der andere ist gebürtiger Schwabe, gelernter Koch und seit 1974 auf der Insel. Der eine begann mit einer Bude am Lister Hafen, der andere mit einer Hütte in den Rantumer Dünen. Der eine hat sich mit Fisch ein gastronomisches Imperium geschaffen – mit allein auf Sylt elf Restaurants –, der andere mit gutem Essen und gutem Wein sein kulinarisches Königreich namens Sansibar in den Dünen. Die Rede ist von „Jünne" Gosch und von „Onkel Herbert" Seckler, die es längst zu bundesweiter Bekanntheit gebracht haben. „Einen goschen gehen" gehört für viele Sylturlauber zum festen Programm. Sansibar-Fans, die mal wieder keinen Platz im ewig ausgebuchten Lokal gekriegt haben, trösten sich mit einem Souvenir aus einem der drei Shops auf der Insel – ein Fläschchen Prosecco vielleicht, ein T-Shirt oder die gekreuzten Säbel als Autoaufkleber – zum Zeichen „man ist da gewesen".

BETONMONSTER & ROSTIGE RELIKTE

Schön sind sie nicht, aber auffällig, die Tetrapoden, die seit den 1960er-Jahren die Westerländer Promenade erfolgreich vor dem Blanken Hans schützen. Zur selben Zeit wollte man mit 5400 dieser „Vierfüßler" die gewaltigen Abbrüche an den Dünen der Hörnum-Odde verhindern. Das aber ging komplett in die Hose bzw. in den Nordseesand: Die meisten der 6 t schweren Betonmonster wurden unterspült, viele bei Sturmfluten sogar versetzt – und die Erosion wurde nicht verhindert, sondern verstärkt. 2014 ein neuer Anlauf: Das alte Tetrapodenwehr an der Odde wurde mit 2500 wieder ausgebuddelten Exemplaren verlängert. Und damit sie nicht erneut vorzeitig einsinken, hat man sie auf eine in Geotextil „verpackte" Sandaufspülung gesetzt. Jetzt klappt es besser und Hörnum ist vor Sturmfluten erst einmal geschützt.

Wellenbrecher älterer Bauart sind die Buhnen, deren verrottete, scharfkantige Reste sich bei Flut unter Wasser verstecken – und deshalb gefährlich sind. Diese im rechten Winkel zum Strand in die See hineingebauten, bis zu 100 m langen Küstenschutzwerke aus Holz, Stein, Beton oder Metall wurden einst in der irrigen Annahme an den Weststrand gesetzt, damit die parallel zum Ufer verlaufende Strömung zu brechen und so Strandverluste zu reduzieren. Achte beim Baden auf gelbe Andreaskreuze: Sie kennzeichnen die rostigen Relikte.

Die zwei gekreuzten Säbel von „Onkel Herbert" sind längst deutschlandweit bekannt

ESSEN SHOPPEN SPORT

Ob Aal oder Plüschrobbe: In List finden Hungrige und Kauflustige reiche Beute

am Hafen
Sylt
SYLT

ESSEN & TRINKEN

Sterne haufenweise? Das war mal. Und es muss auch gar nicht sein! Bis vor ein paar Jahren sonnte sich Sylt noch im Glanz von neun Michelinsternen, dann verblassten sie nach und nach. Weil die Köche fanden, dass es sich auf einer Urlaubsinsel nicht lohnt, nach den Sternen zu greifen.

Und sie hatten recht, denn die Qualität des kulinarischen Angebots auf der Insel ist nach wie vor exzellent. Jörg Müller, 1988 der erste Sternekoch auf Sylt, hat es vorgemacht, als er seinen Stern 2014 von sich aus abgab: Auch jenseits von Auszeichnungen gibt es eine bezahlbare Küche auf Spitzenniveau. In seinem Restaurant demonstriert er das täglich aufs Neue. Und für Sternejäger gibts ja immer noch Johannes King und seinen Söl'ring Hof in Rantum, Holger Bodendorf im Tinnumer Landhaus Stricker und Felix Gabel im Kai 3 im Hörnumer Hotel Budersand.

VERFÜHRERISCHE VIELFALT

Die meisten Sylturlauber kennen ohnehin eher die anderen rund 300 gastronomischen Betriebe, die ihren Gästen ein verlockendes Ganztagsangebot machen. Zu diesen Verführern gehören die Imbissbuden des Fischkönigs Jürgen Gosch ebenso wie die zahlreichen Strandhütten und die vielen gutbürgerlichen Restaurants, von denen jeder Ort mehrere zu bieten hat.

NIE OHNE RESERVIERUNG!

Das große Angebot verhindert leider nicht regelmäßige Engpässe in der Hochsaison. Reservierung ist bei den guten Restaurants nicht nur ratsam, sondern notwendig. Trotzdem hält sich – zumindest in der Saison – vielerorts die üble Sitte des Schichtessens, worunter gelegentlich die Qualität von Service und Küche leidet: Hat man das Glück, einen Tisch um 18 Uhr zu ergattern, wird man gleich darauf hinge-

Der Name verspricht nicht zu viel: Die Sylter Royal ist ein königlicher Genuss (re.)

wiesen, um spätestens 20 Uhr müsse man aber fertig sein. Doch auch diese Reservierung gilt oft nur bis 21.30 Uhr, danach speist in vielen Lokalen dann noch die dritte Schicht. Die Gastronomen begründen diese Form der organisierten Ungemütlichkeit mit den geringen Einnahmen im Winter.

SCHUPPEN, SCHALEN, PANZER

Meeresgetier ist überall der große Renner – man urlaubt ja schließlich mitten im Meer –, doch ist es eine Illusion zu glauben, Sylter Fischer würden den Frischfisch in List oder Hörnum anlanden. Nur wenige Hobbyangler bescheren vereinzelten Restaurants echten Sylter Fisch. Ein Produkt, das mit 100-prozentiger Sicherheit von der Insel stammt, ist dagegen die Auster Sylter Royal die man roh, gebacken, gegrillt, paniert oder geräuchert verzehrt. Übrigens: Wenn „Wildaustern" auf der Karte stehen, dann sind das die Nachkommen von Flüchtlingen aus den künstlichen Austernbänken. Seezungen, Schollen, Miesmuscheln und Krabben kommen zum großen Teil ebenfalls aus der Region. Auch der hier und da als „Sylter Meeräsche" angebotene, sehr schmackhafte Fisch trägt seine Herkunftsbezeichnung völlig zu Recht. Die Nordseegarnele kommt in der Krabbensuppe, auf dem Krabbenbrötchen, als Beilage zur Scholle oder als Krabbenbrot (mit Spiegelei) auf den Tisch. Von September bis April wird im Wattenmeer die Miesmuschel geerntet. Am besten schmeckt sie in Gemüse- oder Weißweinsud, den man mit Brot „aufstippt".

INSIDER-TIPP
Mehr Äsche geht nicht!

REGIONAL UND NORDDEUTSCH

Viele Restaurants haben sich auf norddeutsche Küche spezialisiert: Wildente, Deichlamm, Steinbutt, Matjes-

Aber bitte mit Sahne: rote Grütze, der sommerliche Schmackofatz schlechthin

hering und Angeldorsch oder zum Nachtisch rote Grütze finden sich auf zahlreichen Speisekarten. Verstärkt bemühen sich viele Sylter Gastronomen auch darum, sich die Rohstoffe für ihre Gerichte direkt vor der Tür oder zumindest aus der nordfriesischen Region zu besorgen.

FRIESISCH, MARITIM UND DRAUSSEN

Das Ambiente vieler Gaststätten entspricht oftmals dem Klischee „friesisch" in seiner liebenswürdigsten Form: gemütliche Stuben mit Fliesenwänden, maritimes Dekor und blank geputztes Messing, wohin man schaut. Wer damit nichts anfangen kann, sei getröstet: Die Einrichtung vieler Restaurants interpretiert das Maritime anders: hell und klar, modern und luftig – ganz so, wie sich auch die Landschaft draußen präsentiert. Wer möchte, kann schon morgens mit dem Schlemmen beginnen. Freiluft-Frühstück mit schönen Ausblicken oder in einem herrlichen Garten bieten z. B. die Kupferkanne in Kampen, das Café Ingwersen in Morsum, das Strönholt in Hörnum, Nielsens Kaffeegarten auf dem Keitumer Kliff und das Badezeit an der Westerländer Promenade.

SCHLEMMEN AM STRAND

Das Spiel „Schlemmen und Schauen" funktioniert tagsüber besonders gut in der Friedrichstraße in Westerland, wo sich Straßencafés, Bistros, Imbisse und Lokale mit Fisch-Fast-Food aneinanderreihen. Etwas nobler, aber im Prinzip ähnlich geht es im Kampener Strönwai zu. Hier korrespondiert das Leben auf den Terrassen im Sommer allerdings mehr mit dem Strandleben und folgt festen Rhythmen: am späten Vormittag ein kleines Frühstück oder ein Proseccoimbiss, spätnachmittags dann ein Gläschen Champagner und ein paar Snacks. Eine sylttypische Besonderheit stellen die mehr als 20 „Holzbuden" in den Dünen dar, die in rustikalem, strandnahem Ambiente ein recht großes kulinarisches Spektrum abdecken: von Wonnemeyer am Lister Weststrand über das Kaamps7 in Kampen, das Twisters in Wenningstedt, das Bistro S-Point nördlich und die Strandoase südlich von Westerland bis zur Strandmuschel in Rantum und zu Tadjem Deel zwischen Rantum und Hörnum, wo das Breizh überm Weststrand thront.

Unsere Empfehlung heute

Vorspeisen

AUSTERN
Roh gereicht, dazu Schwarzbrot mit Chester

KRABBENSUPPE
Auf der Basis von Krabbenfond legiert, mit reichlich Krabben drin

Hauptgerichte

GRÜNKOHL
Mit Kassler, Kohlwurst und geräucherter Schweinebacke, dazu karamellisierte Bratkartoffeln

LAMMKARREE
Vom Sylter Salzwiesenlamm, dazu Gemüse der Saison und Bratkartoffeln

LABSKAUS
Stampfkartoffeln, dazu gepökeltes Rindfleisch, Rote Bete, Gewürzgurken, oben drauf ein Spiegelei und Bismarckhering

MIESMUSCHELN
In der Schale in Weißwein-Gemüse-Sud gedämpft, dazu Baguette

KUTTERSCHOLLE
mit Speck gebraten, dazu Salzkartoffeln

KRABBENBROT
Gebuttertes Schwarzbrot mit reichlich Krabben, getoppt von zwei Spiegeleiern

Desserts

FLIEDERBEERSUPPE
Mit Grießklößchen und Apfelspalten

FRIESENTORTE
Zwei Blätterteigböden, dazwischen Pflaumenmus und Schlagsahne

ROTE GRÜTZE
Aus roten Beeren mit flüssiger Sahne

Getränke

KÖM
Aquavit (Kümmelschnaps)

PHARISÄER
Kaffee mit Rum und Sahnehaube

TOTE TANTE
Heißer Kakao mit einem Schuss Rum und Sahnehaube

EISBRECHER
Heißer Rotwein mit Rum

TEEPUNSCH
Schwarzer Tee mit Köm und Kandis

SHOPPEN & STÖBERN

SYLT? LOGO!

Weil sich alles gut verkauft, was das Etikett „Sylt" trägt, schmückt man Produkte, die sich problemlos auch in Oberbayern produzieren lassen, mit den Mehrwert versprechenden vier Buchstaben. Zum bunten Sortiment gehören die Bonbons der Marke *Echt Sylter Brisen-Klömbjes (sylter-brisen.de),* Sylter Seifen, Körperpflegeprodukte von Syltsea *(syltsea.de),* Nussnougatcreme aus der Tube mit dem schönen Namen *Syltella (cafe-wien-sylt.de)* oder Schokoladen, deren Etiketten von Sylter Künstlern gestaltet wurden *(sylter-schokoart.de).*

SALZIG, SÜSS UND ECHT BIO

Biobrot, das vom Samen bis zum Endprodukt auf Sylt entsteht, bekommst du in Braderup, Lammschinken und Lammsalami, Fleisch und Wurst vom Gallowayrind und Käse von Sylter Ziegen in Keitum. Die Auster Sylter Royal, die in List geerntet wird, wird deutschlandweit versendet. Länger haltbar ist das von Hand geschöpfte Sylter Meersalz, das vor List gewonnen wird. Oder lieber was Süßes? Marmelade aus Sylter Früchten wie der Heckenrose gibts z. B. von der *Sylter Marmeladen-Manufaktur (sylter-teehaus.de)* in Tinnum.

INSIDER-TIPP
Süßsaure Früchtchen

ABGEFLASCHT & ZUGEKORKT

Nix Schampus – Bier ist der Bringer: Mit dem Konzentrat aus der Sylter Meersalzgewinnung wird das leichte *Watt Blondes* gebraut, das es auch in der 2-l-Bügelflasche gibt – man gönnt sich ja sonst nichts. Weit süffiger ist das *Sylter Hopfen (westindien.com),* gebraut in Flaschengärung mit Champagnerhefe und mit in Keitum angebautem Hopfen.
Unter Zugabe desselben Hopfens wird auch ein Dry Gin destilliert. Und

Die Sylt-Silhouette, das einprägsame Insellogo, ziert so ziemlich alles – auch Golfbälle (li.)

man keltert sogar Sylter Wein der Lage *55° Nord;* angebaut werden die Trauben „auf" Deutschlands nördlichstem Weinberg in Keitum. Bisheriger Höhepunkt alkoholischen Schaffens ist der mit Gerste und Quellwasser von der Insel destillierte Single-Malt-Whisky *Edition Crannog (sylter-trading.de),* der in Fässern auf einem alten Fischkutter reift.

Doch es geht auch ohne Promille: mit den Mineralwässern *Sylt Quelle* und – ausschließlich auf Sylt erhältlich – *Unsere Inselquelle.* Mit dem Wasser der Sylt-Quelle wird auch die *Sylter Brause (sylter-brause.de)* gemacht, z. B. in der Geschmacksrichtung „Friesennerz" mit Zitrone und Ingwer.

KUNST? HANDWERK? KUNSTHANDWERK!

In Kampen haben sich überdurchschnittlich viele Juweliere niedergelassen – nett fürs Windowshopping. *Das* Dorf der Kunsthandwerker ist aber nach wie vor ☂ Keitum, deren Läden und Ateliers oft versteckt in kleinen Seitenstraßen liegen. Ihre Arbeiten sind allesamt von sehr hohem Niveau – und vielfach auch bezahlbar.

Nicht ganz so filigran, aber formidabel sind die handgefertigten Strandkörbe von *Friesland (friesland-strandkörbe-sylt.de)* aus Morsum oder von *Willy Trautmann (meinstrandkorb.de)* aus Rantum. Auch Karl Lagerfeld nennt einen Dreisitzer sein Eigen.

WAS ZU LESEN, WAS ZU GUCKEN

Besonders schön und fast ganz und gar kitschfrei sind die Erzeugnisse des Sylter Eiland-Verlags: Neben vielen Publikationen, vom Inselkrimi bis zum Bildband, gibt der Verlag auch klein- und großformatige Fotokalender heraus, die dir bei akuten Sehnsuchtsanfällen helfen, die Zeit bis zum nächsten Sylturlaub zu überstehen.

SPORT

SURFEN, KITEN, SUP & CO.

Das Surfen in allen seinen Varianten nimmt auf Sylt auch international eine Spitzenposition ein; Saison ist von Mai bis Oktober. Bei *Syltsurfing (Munkmarsch | Bi Heef 4 | Tel. 04651 93 50 77 | syltsurfing.de)* gibt es seit über 30 Jahren Windsurfkurse vorm Munkmarscher Hafen, ebenso SUP- und Wakeboardingkurse.

Am Lister Königshafen betreibt Jan Hansen seine *Wassersportschule (Hafenstr. 41 | wassersport-sylt.de)* und am Ellenbogen Philipp Brückmann die *Kiteschule Sylt (kiteschule-sylt.de)*. Ebenfalls am Ellenbogen leitet Frank Debus die Kite- und Surfschule *Camp One Sylt (Tel. 04651 4 33 75 | camp one-sylt.de)*.

Vor Hans Heinickes Blockhütte *Sunset Beach* mit der angeschlossenen *Surfschule Westerland (Brandenburger Str. 15 | Tel. 04651 2 71 72 | sunsetbeach.de)* am Westerländer Strand finden die alljährlichen Surfevents statt. In der übrigen Zeit wird unterrichtet: Brandungssurfen, Wellenreiten, Kitesurfen. In Wenningstedt residiert *Südkap Surfing (Dünenstr. 14 | Tel. 04651 9 57 03 73 | suedkap-surfing.de)*: Wellenreiten, Kite- und Windsurfen sowie SUP.

Über die Rezeption des Dorfhotels *(Tel. 04651 4 60 91 66)* sind die Kurse der *Windsurf- und Wellenreitschule Meerspass (meerspass.info)* am Rantumer Hafen zu buchen. 4 km nördlich von Hörnum (Parkplatz K4) lernt man Wellenreiten und Stand-up-Paddling in den Kursen von *Inselkind (Tel. 04651 4 46 79 77 | inselkind.com)*. In Hörnum selbst gibt es südlich des Hafens eine weitere Station von *Südkap Surfing (Strandpromenade 1 | Tel. 04651 9 95 44 10)*. Und schließlich betreibt *I love Kitesurf Sylt (ilovekitesurf-sylt.com)* vier Spots in Hörnum, Rantum, Westerland und List.

Fast die ganze Westküste ist ihr Terrain: Kitesurfer vor Westerland

SEGELN

Natürlich kannst du auf einer Insel auch segeln bzw. segeln lernen: In Munkmarsch bietet *Syltsurfing (Bi Heef 4 | Tel. 04651 93 50 77 | syltsurfing.de)* Jollen- und Catsegelkurse an. Wer in Wenningstedt *(Dünenstr. 14 | Tel. 04651 9 57 03 73)* oder Hörnum *(Strandpromenade 1 | Tel. 04651 9 95 44 10)* wohnt, ist bei den Segelkursen von *Südkap Surfing (suedkap-surfing.de)* richtig. Und ebenfalls in Hörnum kannst du beim *Sylter Catamaran Club (Hafenstr. | Tel. 0160 95 93 74 73)* Hobie Cats mieten oder auf ihnen segeln lernen.

PADDELN

INSIDER-TIPP
Sightseeing mit dem Kajak

Das ist doch mal was anderes: mit dem Kajak auf den Nordseewellen vor dem Westerländer Strand paddeln! Möglich machts die *Surfschule Westerland (Brandenburger Str. 15 | Tel. 04651 2 71 72 | sunsetbeach.de)*. Außerdem kannst du hier Bodyboards mieten.

ANGELN

Der wichtigste Tipp vorweg: Wer keinen Jahresfischereischein hat, kann sich in Westerland bei der Gemeinde Sylt *(Bahnweg 20–22 | Tel. 04651 85 10)* einen Touristenschein besorgen, der 28 Tage gilt und 20 Euro kostet. Die dicksten Fische fängt man im Juli und August: Dann kannst du immer samstags im Lister Hafen mit einem Kutter zum Makrelenfischen ablegen *(7–11 Uhr | www.adler-schiffe.de)*. Brandungsangler können an der gesamten Westküste u. a. Scholle, Makrele und Hornhecht fangen. Der Sylter Anglerverein *(anglerverein-sylt.de)* bietet Gästen die Möglichkeit, im Katrevel südwestlich von Morsum und im 18 km langen Siel zwischen Morsum und Tinnum u. a. Aal, Hecht, Karpfen und

Zander zu angeln. Die Erlaubnis für die Binnengewässer erhältst du nur in Keitum im *Edeka-Markt Johannsen* in der *Munkmarscher Chaussee 6a.*

REITEN

Knapp 30 km Reitwege gibt es auf der Insel: wunderschöne Pfade, die oft durch Dünen, Wiesen und am Watt entlangführen. In Keitum findest du die *Reitschule Grünhof (Keitumer Süderstr. 80 | Tel. 04651 3 12 08 | gruenhofsylt.de),* die auch Ausritte ans Watt anbietet. Das tut auch der *Reitstall Lorenz Hoffmann (Gurtstig 46 | Tel. 04651 3 15 63 | reitstall-hoffmann.de),* ebenfalls in Keitum. Auf dem Morsumer *Reiterhof Lobach (Litjmuasem 16 | Tel. 04651 89 02 39)* kannst du reiten lernen und wer es schon kann, darf mit den Pferden raus in die Natur. Eine vielseitige Reitanlage mit Reitschule ist der *Olivenhof (Ingewai 40 | Tel. 04651 3 29 06 | olivenhof.de)* in Tinnum. Ebenfalls in Tinnum bietet der *Reitstall Wiesengrund (Zum Wiesengrund | Tel. 04651 3 16 00 | wiesengrund-sylt.com)* u. a. Strandausritte an.

GOLFEN

Beim Golfen auf Sylt ist die größte Herausforderung der Wind! Der schönste der vier Sylter Golfplätze ist sicherlich der herrlich über dem Meer gelegene, anspruchsvolle Links Course ★ *Budersand (Fernsicht 1 | Tel. 04651 4 49 27 10 | gc-budersand.de)* in Hörnum – der einzige deutsche True Links Course mit 18 Löchern. Zum *Golf-Club Sylt e. V. (Norderweg 5 | Tel. 04651 9 95 98 10 | golfclubsylt.de)* in Wenningstedt gehört ein 9-Loch-Kurzplatz, ideal für Anfänger. Hier kannst du dir auch in der *Golf Academy (Tel. 04651 9 95 98 31 | sylter-golfakademie.de)* von Allan Owen die Grundlagen des Golfens beibringen lassen.

TENNIS

Beim *Tennisclub Westerland (Am Seedeich 38 | Tel. 04651 67 29 | tennisclub-westerland.de)* kannst du auf zehn Außen- und drei Hallenplätzen ganzjährig aufschlagen. Einen Außen- und einen Hallenplatz bietet die *Tennisanlage Rantum (April–Okt. | Hafenstr. 12 | Tel. 04651 2 25 84).*

RADFAHREN

Auf ca. 200 km Radwegen lässt sich Sylt mit dem Fahrrad erkunden. Häufig führen sie fernab vom Autoverkehr durch die Dünen. In jedem Inselort sind Räder in vielerlei Ausstattung zu mieten. Bevor du aufbrichst, solltest du aber die Windrichtung prüfen, denn wer z. B. bei kräftigem Westwind nach Morsum radelt, kann auf dem Rückweg eine Überraschung erleben – oder muss auf die Fahrradgestelle der SVG-Linienbusse zurückgreifen. Viele Verleiher bieten auch einen Bring- und Abhol- und einen Oneway-Service an, z. B. *Velo-Quick (veloquick.de)* und *Sylt-Fahrrad (sylt-fahrrad.de)* am Bahnhof Westerland oder die Filialen von *M & M (sylter-fahrradverleih.com)* und *Leksus (leksus-fahrradverleih.de).* Die Preise liegen zwischen 8 und 22 Euro (E-Bike) am Tag, es gibt ermäßigte Wochentarife.

NORDIC WALKING

Sylt besitzt eins der größten zusammenhängenden zertifizierten Touren-

Ob am Strand oder am Watt entlang: Der weite Horizont ist beim Ausritt garantiert

netze Deutschlands für Nordic Walker. Auf 220 km kann man 26 verschiedene Routen erwandern. Infos zu den Strecken bei den Touristinformationen.

FASTENWANDERN

Vielfältige Angebote zum Fasten in Verbindung mit viel Bewegung (Wandern, Walken, Radfahren) und Entspannungsübungen machen z. B. *Heike Werner (Kolberger Str. 3 | Tel. 04651 88 64 77 | fastenwandern-sylt.de)* oder *Frank Ahlers (Fichtenweg 6 | Tel. 04651 92 74 56 | fasten-sylt.de)* in Westerland.

YOGA

Wo ließe sich diese sanfte sportliche Entspannungstechnik besser erlernen und ausüben als auf einer Insel wie Sylt? Und dann noch im Urlaub und am Strand! Ein gutes Dutzend insularer Yogalehrerinnen bietet die unterschiedlichsten Kurse für alle Bedürfnisse an (Angebote unter *sylt.de*). Darüber hinaus gibts Yoga auch indoor in der Sylter Welle und outdoor bei *Südkap Surfing (Tel. 04651 9 95 44 10 | suedkap-surfing.de)* – und zwar als SUP-Yoga auf luftgefüllten Paddle Boards. Du musst nur aufpassen, dass du nicht – völlig tiefenentspannt – ins Wasser plumpst.

INSIDER-TIPP
Der schlafende Schwan

SEGELFLIEGEN

Auf dem Flughafen haben die Segelflieger vom *Aeroclub Sylt (Tel. 0175 5 89 30 56 | aeroclub-sylt.de)* ihre Flugschule. Wenn du mal mitfliegen willst, kannst du von April bis Oktober bei gutem Flugwetter immer sonntags ab 11 Uhr aufs Clubgelände gehen (von Keitum Richtung Munkmarsch, hinter St. Severin beim Hinweisschild links ab) und dich zu einem etwa zehnminütigen Rundflug mitnehmen lassen. Der Spaß kostet ca. 20 Euro.

DIE INSEL IM ÜBERBLICK

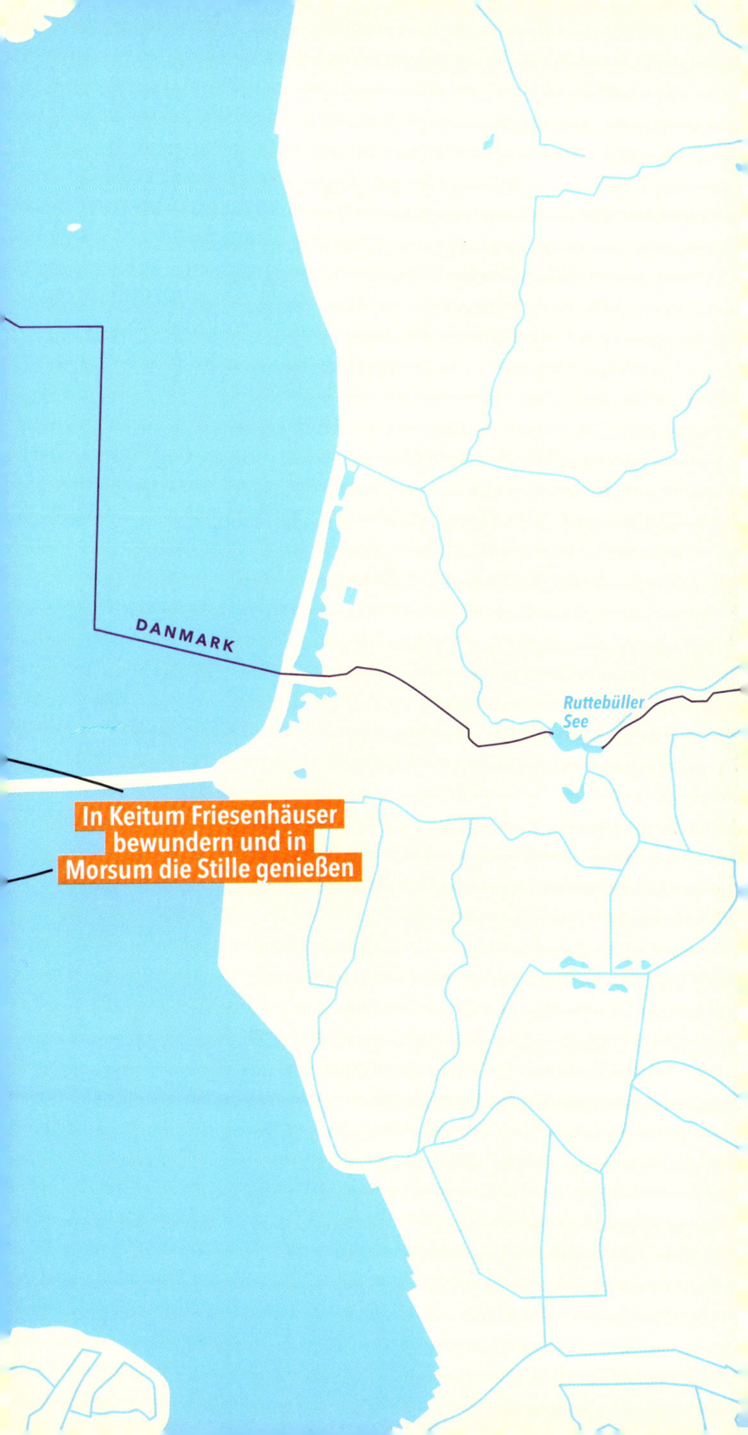
DANMARK
Ruttebüller See
In Keitum Friesenhäuser bewundern und in Morsum die Stille genießen

SYLT

WUNDERSCHÖN UND GANZ WEIT OBEN

Sobald der (Auto-)Zug auf den Hindenburgdamm fährt, diesen schmalen Grat zwischen Alltags-Adieu und Urlaubsbeginn, ist es schon da: das „Erlebnis Sylt". Links und rechts nichts als Wasser, Watt, Vögel und Weitblick. Und kaum bist du auf dem insularen Festland, empfängt dich rechts das Morsum-Kliff; es folgen die Marschwiesen um Keitum, der Zug rauscht durch Tinnum – und dann bist du auch schon im Westerländer Bahnhof angekommen.

Aus der Astro-Alex-Perspektive: Rantum und Rantumbecken, wie Alexander Gerst sie sieht

Nun verteilen sich die Urlauber – ganz nach Gusto und Geldbeutel: Ruhe Suchende und Naturliebhaber fahren mit Auto, Bus oder Fahrrad zurück in eines der Ostdörfer oder nach Rantum, Golfer und Freizeitkapitäne zieht es hinunter zur Südspitze nach Hörnum. Familien haben es nicht weit bis zum Strand in Wenningstedt oder bleiben gleich vor Ort in Westerland. Wer es sich leisten kann, logiert in Kampen, Surfer und Wanderer fahren noch weiter in den Norden bis nach List.

SYLT

MARCO POLO HIGHLIGHTS

★ **BRADERUPER HEIDE**
Die Lüneburger Heide im Miniformat – mit Blick aufs Wattenmeer ➤ S. 60

★ **ERLEBNISZENTRUM NATURGEWALTEN SYLT**
Alles über Sylts Natur, das Leben an und in der Nordsee ➤ S. 43

★ **WANDERDÜNEN**
Die „Sylter Sahara" steht unter Naturschutz ➤ S. 43

★ **ROTES KLIFF**
Von oben der unglaublich schöne Blick aufs Meer, von unten der ungläubige Blick auf eine steinalte, 35 m hohe rotgoldene Wand ➤ S. 57

★ **ST. SEVERIN**
Sylts schönste Kirche, bekannt für großartige Orgelkonzerte und einen Friedhof mit Meerblick ➤ S. 65

MARCO POLO HIGHLIGHTS

★ MORSUM-KLIFF
Alle Farbtöne zwischen Blauschwarz und Goldorange leuchten aus dem Kliff ➤ S.69

★ RANTUMBECKEN
9 km lang ist der Deich um dieses Vogelschutzgebiet ➤ S.89

★ SANSIBAR
Gutes Essen, gute Weine, großartige Strandlage – und geschicktes Marketing ➤ S.87

★ SYLTER HEIMATMUSEUM
Nach dem Besuch trittst du aufs Grüne Kliff und weißt: Von hier sind Keitums Kapitäne einst in See gestochen ➤ S.64

LIST

(📖 F3–4) **List ist die nördlichste Gemeinde Deutschlands. „Lass uns nach Sylt fahren" hieß es hier früher, wenn man sich auf den Weg in die anderen Inselgemeinden machte.**

Diese heute merkwürdig klingende Reiseaufforderung hängt mit der abgeschiedenen Lage des Orts – bis ins 20. Jh. war er nur zu Fuß erreichbar – und seiner Geschichte zusammen. Erst 1866 wurde das dänische Listland, das fast nur aus Dünen besteht, deutsch.

Kaum jemandem ist bewusst, dass die knapp 1300 ha des Inselnordens zum allergrößten Teil den alteingesessenen Lister Familien gehören. Hier, im einstigen Dänemark, galt ein anderes Erbrecht, sodass das Gelände bis heute in den Händen der bewirtschaftenden Sippe blieb. Doch wird das Private heutzutage nur noch am sogenannten *Ellenbogen* deutlich: Wer mit dem Auto zu diesem nördlichsten Punkt der Insel möchte, muss eine Maut von 6 Euro zahlen. Was insbesondere Surfer und Wanderer gerne tun, zumal sie in der Düneneinsamkeit des Naturschutzgebiets sogar in elf Ferienwohnungen *(uethoern.de)* wohnen können, rustikal und mit Meerblick – weiter nördlich gehts in Deutschland nicht.

Der eigentliche Ort List (1600 Ew.) hat sich in den letzten Jahren stark verändert. Geklinkerte Altlasten aus der Zeit,

Am Lister Hafen steppt der (See-)Bär: Bei Gosch geht es immer hoch her

als List noch Militärstandort war (bis 2007), bestimmen nicht länger das Ortsbild bestimmen. Dafür steht nun Sylts größtes Hotel, das luxuriöse A-Rosa, am Wattenmeer und mit dem „Gesundheitsresort" Lanserhof eröffnet 2020 eines der teuersten Hotels Deutschlands genau dort, wo früher Offiziere das Kommandieren lernten. Vor allem aber wurde der Ortskern aufgewertet: Nicht nur dank des 2017 eröffneten Lister Markts – ein Komplex im Neuenglandstil mit Shopping- und Gastromall, kleinem Hotel und Wohnungen – schickt List sich an, Westerland in puncto Shopping den Rang abzulaufen. Denn nun soll auch noch die Hafenstraße zu einem Boulevard werden und auf dem Hafengelände wird eine Seebühne entstehen.

Dieser Hafen ist bislang das pulsierende Zentrum des Orts, was die Gemeinde dem „Fischkönig" Jürgen Gosch zu verdanken hat, einem Mann, der eine klassische Tellerwäscherkarriere hinter sich hat: vom Maurer zum Multimillionär. Aus seiner kleinen Verkaufsbude hat sich eine Eventgastronomie entwickelt, die ihresgleichen sucht; seine riesige, runderneuerte *Alte Bootshalle (gosch.de)* gleicht einem maritimen Hofbräuhaus, auf den Terrassen davor inhaliert man statt frischer Nordseeluft Fischbratfett – es sei denn, man steigt ins Riesenrad. Das jahrzehntelang einzige Hafen-Highlight, Harrys Hafenbasar, ist längst umzingelt von bunten Fress- und Shoppingbuden.

SIGHTSEEING

ERLEBNISZENTRUM NATURGEWALTEN SYLT ★

„Kräfte der Nordsee", „Leben mit Naturgewalten" und „Klima, Wetter, Klimaforschung": Das sind die Themen, mit denen sich dieses Ausstellungszentrum auf spannende und sehr anschauliche Weise befasst. Ob im Wellenkanal oder im Watttunnel, überm offenen Seetierbecken, im Sturmraum oder im arktischen Forschungslabor: Überall bist du hautnah dabei. Mit SB-Bistro *(tgl. 10–17 Uhr | €)*, Shop und Außenspielplatz. *Tgl. 10–18 (Juli/Aug. bis 19) Uhr | 13,50 Euro | Hafenstr. 37 | naturgewalten-sylt.de | 2 ½ h*

WANDERDÜNEN ★

Deutschlands letzte Wanderdünen liegen im Listland. Der kräftige Westwind hält die vegetationslosen Sand-

berge in ständiger Bewegung und lässt sie um etwa 4 m pro Jahr nach Osten wandern – also genau in Richtung der Hauptstraße nach Westerland. Eine schöne Rechenaufgabe, wann der Zeitpunkt kommt, dass man die Straße verlegen muss, denn das auch Sylter Sahara genannte Gelände steht unter Naturschutz, es darf daher auch nicht betreten werden. Doch von verschiedenen Stellen an den Straßen kannst du die Dünen – es sind drei, die größte ist 35 m hoch – ganz in Ruhe betrachten, wenn sie im gleißenden Sonnenlicht wie eine verschneite Hügellandschaft erscheinen oder von der Abendsonne in goldenes Wüstenlicht getaucht werden.

ESSEN & TRINKEN

ALTER GASTHOF

Fast 300 Jahre alt sind die urigen Friesenstuben, die sehr guten Fischgerichte sind da wesentlich frischer. Spezialität ist Hummer, zumal der in Meerwasser gekochte, groß(artig) aber auch das Kotelett vom Sattelschwein. *Mittags und Mo, im Winter auch So geschl. | Alte Dorfstr. 5 | Tel. 04651 87 72 44 | alter-gasthof.com | €€*

BISTRO SYLTER ROYAL

Besser als hier (und in vielen Variationen) am Stammsitz von Dittmeyer's Austern-Compagnie bekommst du die „Sylter Royal" nirgends. Gleich nebenan werden die frisch geernteten Austern zum Versand und Genuss vorbereitet. *Tgl. | Hafenstr. 10–12 | Tel. 04651 87 75 25 | sylter-royal.de | €–€€€*

EASY

Hier hat der Sylter Gastronom Ivo Köster voll zugeschlagen – mit gleich drei Restaurants im Erdgeschoss des Lister Markts. Und ausnahmsweise darf man auch mal den Werbeslogan zitieren, weil er stimmt: „Ungezwungen, unkompliziert, unbeschwert". Was es gibt? Steaks und Hähnchen im *Steaks & Co. (mittags geschl.)*, Sushi und Sashimi im *Easy Sushi (mittags und Di geschl.)*, Pasta und Pizza im *Bistro Deli Hus (abends geschl.). Hafenstr. 2a | Tel. 04651 8 86 76 60 | restaurant.easysylt.de | €, Steaks €€€*

SYLTER EISMANUFAKTUR

Sylter Milch, Sylter Minze, Sylter Meersalz – mehr Sylt geht kaum, wenn man gutes Eis machen will. Die vielen Sorten sind Tüte für Tüte, Becher um Becher ganz hervorragend. Auch tolle Milchshakes. *März–Okt. tgl 11–19 Uhr | Dünenstr. 3 | sylter-eismanufaktur.de*

L. A. SYLT LISTER AUSTERNPERLE

INSIDER-TIPP
Wer's gefunden hat, findet's gut

Auf der Terrasse der Holzbude am Wattenmeer sitzen, aufs Wasser schauen, Austern und ein Weinchen schlürfen

Lieblingsplatz! Glücklich, wer im L. A. einen Sitzplatz ergattert hat ...

und vor sich hinträumen – herrlich! Wer nur ganz profanen Hunger hat, futtert Matjes, Lamm oder Rinderfilet. *Tgl. | Mannemorsumtal (Oststrandpromenade) | Tel. 04651 2 99 93 96 | €€*

WONNEMEYER WESTSTRANDHALLE

Wer heute herkommt, wird es nicht glauben, aber die altehrwürdige Weststrandhalle war mal so eine Art Skihütte in den Dünen fürs ältere Publikum. Doch Familie Wonnemeyer hat daraus vor ein paar Jahren ein wunderbar entspanntes Beach House mit Beach Feeling für Beach People gemacht. Das Essen ist entsprechend leicht und frisch. *Tgl. | Tel. 04651 87 02 66 | wonnemeyer.de | €*

SHOPPEN

EINRICHTUNG

Wohnaccessoires und Geschenke mit Stil, die nichts am Hut haben mit dem oft üblichen Landhauskitsch, findest du in den beiden Lädchen *Kleinkariert (Listlandstr. 10 | kleinkariert-sylt.de)* und *Lieblingsstück (Listlandstr. 10).* Bei *Voelmys (Listlandstr. 14 | strandkorbundco.de)* gibts Möbel für drinnen und draußen, dazu Skurriles und Praktisches für Garten und Terrasse. Freunde typisch friesischer Wohnkultur werden vor allem bei *Mylin (Dünenstr. 1 | mylin.de)* fündig; hier gibts die schönsten Fliesen. Nebenan bei *Dünenstrauss (Dünenstr. 1b | duenenstrauss.de)* wirst du erstaunt feststellen, dass man aus Treibholz und rostigem Metall auch schöne, zum Teil sogar nützliche Dinge fertigen kann.

TONNENHALLE

15 nette, kleine Läden mit allem Möglichen zwischen Bonbon und Buch – plus Gosch mit Fischmarkt, „goschigen" Souvenirs und anderen Artikeln mit dem Hummerlogo.

LISTER MARKT

Lists Shoppingmall „midtown". Unter den derzeit 14 Geschäften findest du welche mit Wohnaccessoires und Schnickschnack, mit kreativen Namen wie *Markt der Gezeiten* oder *Lieblingswerke.* Feinkost gibts im *Deli Hus* und in einem schönen Supermarkt, Shoppingpause kannst du im *Easy* (s. oben) oder im *Kaffeehaus (Mo–Sa 10–18, So 12–17 Uhr)* machen. *lister-markt.de*

SYLTER MEERSALZMANUFAKTUR

In der Manufaktur von Alexandro Pape wird aus Nordseewasser ein salziges Luxusgut. Mal grob, mal fein und auch als Würze in einem Döschen Kaviar, das so aufgepeppt in der To-go-Variante für 40 Euro zu haben ist. Außerdem brauen der Mann und sein Team hier das Watt-Bier und walzen Nudeln in ihrer Pastamanufaktur. *Hafenstr. 2 | sylter-meersalz.de*

VOIGTS HAUSGEMACHTES

Voigts Alte Backstube bringt einige der selbst gefertigten Produkte, die im *Caférestaurant (Süderhörn 2)* auf den Tisch kommen, auch im eigenen Shop unter die Leute: z. B. im Weckglas gebackene Kuchen, Eintöpfe in der Dose oder einen „Friesentorten-Bausatz". *Listlandstr. 17 | voigts-sylt.de*

INSIDER-TIPP
Wie bau' ich 'ne Friesentorte?

Ob zum Seetierfang oder zum Seehund-Spotting: Eine Kutterfahrt muss sein!

SPORT & SPASS

SCHIFFSFAHRTEN

Die Kutter Gret Palucca und Rosa Paluka stechen in der Saison mehrmals täglich in See – z. B. zu den Seehundsbänken inklusive Seetierfang. *Adler-Schiffe | Tickets (21,50 Euro, Kinder 4–14 Jahre 16,50 Euro) am Hafen | adler-schiffe.de*

STRÄNDE

Am Wattenmeer südlich des Orts gibt es einen kleinen, kinderfreundlichen Strand. Der eigentlichen Badestrand ist aber der Lister Weststrand ca. 3 km vom Ort (in der Saison gibt es einen Buszubringer) an der offenen Nordsee mit Hunde- und FKK-Abschnitten (der südliche Bereich bis Klappholttal ist unbewacht). Hauptübergang ist die Weststrandhalle. Achtung: Am nördlichen Ellenbogen ist das Baden aufgrund der Strömungen lebensgefährlich und es gibt keine Rettungsschwimmer!

WELLNESS

SYLTSEA HAFEN SPA

In dem kleinen Spa werden auch Männer rundum verschönert und verwöhnt – von Thalasso bis Massage. Zur Anwendung kommen u. a. Sylter Produkte von Syltsea *(syltsea.de)* mit Shop im selben Haus. *Mo–Fr 8–20, Sa 9–16 Uhr | Hafenstr. 17 | Tel. 04651 957000 | syltkosmetik.de*

SPA-ROSA

Die nicht gerade kleine Pool-, Fitness- und Saunalandschaft kannst du auch nutzen, wenn du nicht im feinen A-Rosa-Hotel wohnst. Handtücher und Bademantel sind inklusive. *Mo–Fr 8–20, Sa/So 9–18 Uhr | ab 39 Euro | Listlandstr. 11 | Tel. 04651 96 75 07 74 | a-rosa-resorts.de*

STRANDSAUNA LISTLAND

Immer wieder großartig: mitten in den Dünen schwitzen und dann in die Nordsee flitzen! *April–Okt. tgl. 11–17/18 Uhr | 20 Euro | FKK-Bereich am Weststrand | Tel. 04651 87 71 74 | strandsauna-list-auf-sylt.de*

RUND UM LIST

1 RØMØ (RÖM)

45 Min. von List mit der Fähre

Wenige Kilometer nördlich von Sylt liegt die dänische Nachbarinsel. Von List aus verkehrt bis zu neunmal täglich die Fähre der *Rømø-Sylt-Linie (syltfaehre.de)*. Während der Überfahrt kann man bei Ebbe mit etwas Glück Seehunde entdecken, die sich auf den Sandbänken sonnen. Ob du mit PKW oder Rad unterwegs bist, du solltest vom Hafen in Havneby in jedem Fall gleich nordwärts streben.

Mit um die 130 km² ist die Insel größer als Sylt, hat aber nur 580 Ew. Der breiteste Strand Nordeuropas (bei Niedrigwasser bis zu 2,5 km!), ein Dünengürtel mit Strandseen, Heide, Nadelwald und Weideland prägen – von West nach Ost – das Inselbild. In dieser Landschaft liegen vereinzelt bildschöne alte Höfe und viele Ferienhaussiedlungen. Der 9 km lange Verbindungsdamm zum Festland ist eine Straße. So entstand eine besondere Variante des Strandlebens: Die Dänen fahren mit ihren Autos bis direkt an die Wasserkante. Das Museum *Kommandørgård (Mai–Sept. Di–So 10–17, Okt. 10–15 Uhr | Eintritt frei | Juvrevej 60)* in einem prachtvollen Hof aus dem 18. Jh. mit reicher Ausstattung zeigt eine Ausstellung zu Walen und Walfang und hat auch ein nettes Café. *romo.dk* *0*

KAMPEN

(C7) **Kampen liegt inmitten einer traumhaften Naturlandschaft. Dünen, Watt, Heide, Hünengräber, offene Nordsee, Kliff und Strand sind die Highlights des Dorfs – und doch: Wer an Kampen denkt, denkt meistens an etwas ganz anderes.**

Dieser Ort ist immer noch das Paradebeispiel für alle Vorurteile, die man mit Sylt verbindet: dicke Autos, Jetset (und was sich dafür hält), Schickimicki. Das ist zwar nicht falsch, aber auch in Kampen herrscht meistens Normalität. Im Juli und August allerdings steppt hier der Bär. Vor allem in der keine 300 m langen „Whiskystraße", dem Strönwai, wird flaniert, in Oldtimern oder PS-starken Boliden promeniert und taxiert. Wer als Unbeteiligter dem Treiben zusieht, fragt sich, warum sich die (Möchtegern-)Prominenz gerade Kampen ausgesucht hat. Das hängt vor allem mit der jüngeren Geschichte des Dorfs zusammen.

Kampen-Klischee im Quadrat: Louis-Vuitton-Shop und Luxuscabrios bzw. -coupés

Die unberührte Natur zog Mitte und Ende des 19. Jhs. Maler nach Kampen, deren Landschaftsgemälde damals eine ähnliche Wirkung hatten wie heute ein Werbeprospekt. Das Interesse war also geweckt, zunächst vor allem das von Künstlern, Verlegern und Literaten. 20 Jahre später war Kampen angesagt und im Haus Kliffende, das heute dicht an der Abbruchkante steht, urlaubten u. a. Ernst Rowohlt, Emil Nolde und Thomas Mann. Andere erwarben gleich ein eigenes Reetdachdomizil – bis heute auffälligstes Beispiel ist der Klenderhof, der nach seinem zeitweiligen Eigentümer, dem Verleger Axel Springer, immer noch „Springer-Burg" genannt wird, obwohl er seit Jahren einem weithin unbekannten Milliardär aus dem Schwarzwald gehört.

Spätestens nachdem Gunter Sachs mit seiner kurzfristigen Gattin Brigitte Bardot in den 1960er-Jahren nach Kampen kam und den legendären Jetset im hohen Norden einführte, war es mit Kampens Unschuld vorbei. Die Massen kamen, um an den viel zitierten angeblichen Ausschweifungen teilzuhaben, woraufhin die Prominenten entweder schleunigst die Flucht ergriffen oder den Gärtner bestellten, um die Hecken dichter und höher zu setzen. Wer erfahren möchte, wo all diese Berühmtheiten logier(t)en und was sonst so los war, sollte sich einer Dorfführung von Silke von Bremen *(guideaufsylt.de)* anschließen. Du kannst aber auch allein losziehen und auf dem *Kampener Kunstpfad* entdecken, warum Kampen ein magischer Ort für Kreative war und ist: Bislang 32 Metallstelen, die im Dorf aufgestellt wurden,

INSIDER-TIPP
Kunst, Kultur, Kampen

informieren per QR-Code über den jeweiligen Künstler. Kein Smartphone? Das Kunstpfad-Büchlein kannst du für 7,90 Euro in der Touristeninformation im Kaamp Hüs kaufen.
Bereits 1913 hatten die Kampener ein bemerkenswertes Ortsstatut erlassen, das Reetdach und roten Klinker für alle Neubauten vorschrieb. Für diese Weitsicht kann man heute noch dankbar sein. Denn auch wenn es längst hier und da weiße Hauswände gibt und nach wie vor zu viel gebaut wird – auf die knapp 500 Kampener kommen bald 1200 Zweitwohnungsbesitzer –, so ist doch ein einheitlicher, angenehm zurückhaltender Baustil erkennbar. Ebenso einheitlich, aber ganz und gar nicht zurückhaltend sind die Preise: „In Deutschland ganz oben" – dieser ehemalige Sylter Werbeslogan gilt gerade in Kampen auch für die Immobilien- und Grundstückspreise: Die Quadratmeterpreise sind bundesweit einsame Spitze – ab 2,5 Mio. Euro kostet eine kleine Friesenhütte und im Hobokenweg stehen einige der teuersten Immobilien ganz Deutschlands. Das niedlichste Beispiel findet sich im Fennenweg: das *Waterküken*. Um das mit 30 m² Grundfläche recht übersichtliche „Küken" zu bezahlen, muss die berühmte Henne her, die goldene Eier legt: Laut Bankgutachten ist es derzeit 6 Mio. Euro wert. Dazu ein kaum einsehbares, 2300 m² großes Grundstück, dessen Wert wohl an die 13 Mio. Euro betragen dürfte … Du kannst das komplett eingerichtete Ein-Raum-Häuschen – zum Schlafen gehts über eine Stiege unters Dach – übrigens für die Ferien mieten. Falls deine Urlaubskasse gut, sehr gut gefüllt ist.

SIGHTSEEING

ROTES KLIFF UND UWE-DÜNE

Bis zu einer Höhe von 35 m ragt an der Westküste bei Kampen fast senkrecht das *Rote Kliff* auf. Die hier zutage tretenden Erdschichten sind 120 000 Jahre alte eiszeitliche Ablagerungen. Auf dem Kliff liegt die *Uwe-Düne*, deren Kuppe mit ihren fürs Flachland recht bemerkenswerten 52 m die höchste Erhebung von Sylt darstellt. Über eine Treppe kann man den „Sylter Berg" erklimmen. Von hier oben hast du einen grandiosen Rundumblick über die Insel.

ESSEN & TRINKEN

DORFKRUG

Der altehrwürdige Dorfkrug war einmal Treffpunkt und Lieblingslokal vieler Kampener. Heute wird an diese Tradition wieder angeknüpft mit neuem, legerem Konzept als „Bar & Grill" bis spätabends: Die Gäste können sich ihr Gericht selbst zusammenstellen, müssen aber nicht. Mit Außenbar. *Tgl. | Braderuper Weg 3 | Tel. 04651 4492000 | dorfkrug-kampen.com | €€–€€€*

MANNE PAHL

Ein Klassiker. Wer will, sitzt vom Frühstück über den Nachmittagskuchen bis zum Wiener Schnitzel am Abend im gemütlichen, im Sommer offenen Wintergarten und beobachtet die Nobelkarossen, die nach Kampen hinein- und wieder herausrollen. *Tgl. | Zur Uwe-Düne 2 | Tel. 04651 42510 | manne-pahl.de | €€*

KAAMP MEREN

Dunkelblau, Hellgrau und Weiß sind die maritimen Farben im Restaurant-Bistro im Kaamp Hüs, wo auch die Touristinfo sitzt. Auszug aus der kleinen, gut komponierten Karte: Clubsandwich, Zucchini mit Ziegenkäse, Dorschfilet mit Spinat oder Lammkarree mit Kräuterkruste. *Außerhalb der Saison Mo geschl. | Hauptstr. 12 | Tel. 04651 43500 | kaamp-meren.de | €€–€€€*

So leer erlebst du den Strand unterm Roten Kliff nur am (sehr) frühen Morgen

GOGÄRTCHEN

Frag mal nach Karlchen und du wirst endlose Geschichten zu hören bekommen: Diese Sylter Institution ist Legende und seit Ende der 1950er *der* Kampener Promitreff mit einer Bar draußen und drinnen. Im Restaurant kommt Pizza mit Serranoschinken, Rinderroulade oder Steinbutt mit Lachskaviar auf den Teller. *Tgl. | Strönwai 12 | Tel. 04651 4 12 42 | gogaertchen.com | €€€*

ODIN

Ja, es gibt auch ein Deli an der noblen Whiskystraße! Nimm auf der Terrasse unterm Sonnenschirm Platz, genehmige dir ein Bierchen oder ein Piccolöchen und schau zu, wer so alles ins Gogärtchen nebenan geht. Austern, Antipasti, Caesar's Salad, Milchreis mit roter Grütze und vieles mehr ist hier echt günstig. Trau dich, geh rein! *Tgl. | Strönwai 10 | Tel. 04651 4 54 55 | odin-deli.com | €*

KUPFERKANNE

Originelles Café, das mit seinem unterirdischen Labyrinth wortwörtlich unbeschreiblich ist. Die traumhafte, weitläufige Gartenanlage mit Wattblick ist einmalig. Ebenfalls traumhaft sind der Kuchen (auch in herzhaften Varianten) und der Kaffee aus der eigenen Rösterei. *Abends geschl. | Stapelhooger Wai 7 | Tel. 04651 4 10 10 | kupferkanne-sylt.de | €*

STURMHAUBE

Die vor allem wegen ihrer phantastischen Aussicht berühmte Pilgerstätte vieler Sylturlauber direkt überm Roten Kliff wird derzeit zu einem Restaurant mit Kiosk, eigener Brauerei und Hotelzimmern im Obergeschoss umgestaltet. *Riperstieg 1 | Tel. 04651 99 59 40 | sturmhaube.de*

KAAMPS7

Direkt am Strand nördlich vom Haus Kliffende thront auf Pfählen über dem Meer dieses aus Holz gebaute Bistro. Das Essen ist eher Nebensache, man kommt wegen der sensationellen Aussicht, der schönen Terrasse und der tollen Drinks. *Tgl. | Riperstieg | Tel. 04651 88 60 78 | kaamps7.de | €€*

VOGELKOJE

Der Weg lohnt sich: Versteckt im Kojenwald auf dem Weg nach List liegt dieses gemütliche Restaurant mit dem herrlichen Garten. Günstige Tageskarte, ausgezeichnete Klassiker von der Bouillabaisse à la Vogelkoje bis zur halben Vogelkojenente. *Tgl. | Lister Str. 100 | Tel. 04651 9 52 50 | vogelkoje.de | €€€*

SHOPPEN

Wem der Sinn nicht nach Luxusmodelabels oder 200-Euro-Krawatten steht, der bewundert die phantastischen Schmuckstücke im *Atelier von Susanna Dünne (Westerweg 14 | duenne-kampen.de)* oder spaziert durch die zahlreichen Galerien. Zwei schöne Beispiele: Die *Galerie Herold (Braderuper Weg 4 | galerie-herold.de)* zeigt vor allem Werke norddeutscher Künstler, in der *Galerie Falkenstern (Alte Dorfstr. 1 | falkensternfineart.com)* faszinieren die farbgewaltigen abstrakten Naturdarstellungen des stilprägenden Siegward Sprotte (1913–2004), der hier sein Atelier hatte.

SPORT & SPASS

BOULODROME

Im Avenarius-Park gibt es am Wattweg einen Bouleplatz, den du ganzjährig kostenlos nutzen kannst; Boulesets verleiht der Tourismus-Service *(5 Euro/Tag)*. Falls du keine Mitspieler findest: Die „Sylter Bouletten" freuen sich, wenn Gäste mitkugeln *(Mi und Fr ab 16, So ab 11 Uhr | sylter-bouletten.de)*. Ein weiterer Treff *(Di ab 17 Uhr)* liegt auf dem Kapellenplatz in Wenningstedt.

INSIDER-TIPP
Einfach mal rumkugeln!

STRÄNDE

6 km herrlichster Strand – vom Übergang Sturmhaube nach Norden bis zur *Buhne 16*, dem legendären Strand und bekanntesten FKK-Abschnitt der Insel. Und weil man ja auch

am Strand das Smartphone in der Badehose hat, gibt es WLAN: jeweils 150 m in beide Richtungen an den Übergängen Sturmhaube, Kaamps7 und Buhne 16. Zum extrem coolen Strandbistro *Buhne 16 (Woche vor Ostern–Okt. tgl. | Listlandstr. 133b | Tel. 04651 49 96 | buhne16.de | €)* läufst du zehn Minuten vom Parkplatz gleichen Namens durch die Dünen: Hier finden den ganzen Sommer über ganz entspannte musikalische Events statt – oft mit sanfter Wavemusic bis in die Nacht.

AUSGEHEN & FEIERN

PONY CLUB

Legendär, trotz Dresscode („sportlich, elegant") leger und schon seit bald sechs Jahrzehnten Hotspot der Beautiful People. Prominenz fällt nicht weiter auf, hier fühlt sich jeder pressereif. Dazuzugehören kostet allerdings auch entsprechend. Die Bar auf der zeltbedachten Terrasse *(Mai–Okt.)* öffnet schon um 19 Uhr – ab 22 Uhr werden hier u.a. Brat- und Currywürste als Unterlage für die Nacht serviert. *Mai–Sept. tgl., Biike–April und Okt. Fr/Sa ab 22 Uhr | Strönwai 6 | pony-kampen.de*

CLUB ROTES KLIFF

Diskothek für 17- bis 70-Jährige, sehr stylish mit viel LED-Technik und Spiegeln. Das superschicke Nachtleben kostet zwar keinen Eintritt, dafür liegen die Preise der Drinks dann aber dicht an, wenn nicht jenseits der Schmerzgrenze. Immer voll, immer lustig – besonders an den (häufigen) „Event-Nächten". *In der Hochsaison tgl., sonst seltener ab 23 Uhr | Braderuper Weg 3 | club-rotes-kliff.de*

RUND UM KAMPEN

2 VOGELKOJE KAMPEN

4 km nördlich von Kampen/20 Min. mit dem Rad

Diese historische Entenfanganlage im Norden von Kampen wird vom Sylter Heimatverein Söl'ring Foriining betreut. Vogelkojen sind künstliche Teichanlagen aus dem 18. Jh., die man schuf, um Wildenten während des Vogelzugs zum Ausruhen zu verführen. Mittels Lockenten und eines trickreichen Systems konnten die zu Wasser gegangenen Enten vom Kojenwärter gefangen und geringelt (eleganter Begriff für „Halsumdrehen") werden. Bis zu 25 000 Enten wurden so im Jahr erlegt. Von Mai bis September starten hier *Wattführungen (8 Euro). Mai–Sept. Mo–Fr 10–17, Sa/So 11–17, Okt. Mo–Fr 10–16, Sa/So 11–16 Uhr | 4 Euro | Lister Str. 100 | 1 h* *(D5)*

WENNINGSTEDT

(B–C8) **Eine noch grandiosere Lage – hoch oben auf dem Roten Kliff – als Wenningstedt bietet kein Ort auf Sylt: 30 m Steilkante und ein**

traumhafter Blick auf den Strand, der – scheinbar unendlich – im Norden und Süden im Meerdunst verschwindet.

Ans Wasser gehts über eine imposante Treppenkonstruktion: 40 m lang, 10 m breit, 60 Stufen, mit Podesten zum Ausruhen, Treppenlift und – der Hammer! – einer 26 m langen Röhrenrutsche: Weiche Landung auf dem Hintern im Sand ist garantiert. Und damit kleine und große Kinder ihrem Vordermann nicht ins Kreuz krachen, gibts sogar eine Ampelanlage! Vor allem aber ist die Treppe stabil – und das ist auch nötig, denn regelmäßig werden Strand und Kliff bei Sturmfluten arg in Mitleidenschaft gezogen.

Wenn du im Winter nach Wenningstedt reist und erlebst, wie die tosende Nordsee den Strand unter sich begräbt und manchmal bis ans Kliff vordringt, wirst du mehr als beeindruckt sein. Kommst du als Sommergast, erlebst du die Nordsee von ihrer sanfteren Seite – mal als Badewanne, mal als Whirlpool mit erfrischenden Brandungswellen.

Und der Ort selbst? Kleine Hotels und Pensionen und viele Ferienwohnungen prägen das Bild – Wenningstedt (1400 Ew.) ist ein typisches Familienbad. Relativ moderate Preise, ein Minigolfplatz in der Ortsmitte, ein Campingplatz und reichlich Freizeitangebote für Kinder tragen das Ihre dazu bei, genauso wie das spektakuläre Restaurant von „Fischkönig" Jürgen Gosch an der Kliffkante, das zusammen mit der schicken Promenade, der

Auf einem Holzsteg geht es in Wenningstedt durch die Dünen hinunter zum Strand

erwähnten Treppe, einem Strandbistro zu Füßen des Kliffs und der *Sylt-4-Fun-Arena* für die Kids ein Ensemble bildet, das man als gelungen bezeichnen kann. Das große *Haus am Kliff* verleiht durch seinen prägnanten Architekturmix aus Bäderstil und moderner Holz-Glas-Bauweise mit Café, Läden, der Touristinfo und dem Kursaal[3] für Veranstaltungen der Promenadenmeile zusätzliche Attraktivität. Und wenn 2020 anstelle des maroden Kliffkiekers direkt an der Kliffkante ein neues Lokal errichtet wird – spätestens dann macht Wenningstedt echt was her!

SIGHTSEEING

DORFTEICH

Ein Idyll: Etwas versteckt liegt der alte Ortskern am Dorfteich, den man auf einem idyllischen Spazierweg umrunden kann. Hier wirst du alte Friesenhäuser mit bildhübschen bunten Türen entdecken, die sich hinter Hecken und Zäunen ducken. Am Dorfteich steht auch die Kirche, Friesenkapelle genannt, dahinter der Denghoog.

DENGHOOG

Dieses größte Steingrab Nordwesteuropas, ein Ganggrab, ist vermutlich über 5000 Jahre alt. In die ovale Grabkammer (5 m lang, 3 m breit, 1,80 m hoch) steigst du durch ein extra dafür geschaffenes Loch in der Decke ein – und wirst dir dabei die Frage stellen, die sich alle stellen: Wie konnten unsere Vorfahren die gewaltigen, bis zu 18 t schweren Findlinge eigentlich bewegen? *Mai–Sept. Mo–Fr 10–17, Sa/So 11–17, April und Okt. Mo–Fr 10–16, Sa/So 11–16 Uhr | 2,50 Euro, ohne Kurkarte 7 Euro | ⏲ 30 Min.*

ROTES KLIFF ★ ⚑

Nach Helgoland ist das 4,5 km lange Rote Kliff (wenn die Sonne am Horizont rot untergeht, ist es tatsächlich hellrot) zwischen Wenningstedt und Kampen die beeindruckendste deutsche Steilküste an der Nordsee. Und warum rot? Das Kliff besteht aus eisenhaltigem Lehm, der sich unter Sauerstoffeinfluss rötlich verfärbt. Dieser Lehm ist im Übrigen so weich, dass er Sturmfluten nicht standhalten kann, sodass es – vor allem im Winterhalbjahr – immer wieder zu dramatischen Abbrüchen kommt. Ja, wieder was gelernt! Für das perfekte Kliffferlebnis gehst du oben auf dem Kliff ab dem Strandabschnitt 31 Richtung Kampen, am Abschnitt 30 runter zum Strand und dort wieder zurück – oder umge-

Im Denghoog: miträtseln, wie einst die riesigen Steine bewegt wurden kehrt. Das dauert etwa eine Stunde für die 2 km.

ESSEN & TRINKEN

FITSCHEN AM DORFTEICH

Familie Fitschen beglückt ihre Gäste am Dorfteich (Gartenterrasse!) mit Meeresfrüchtemaultaschen, Entenbratwürstchen oder Topfenknödeln. Wenn du mal richtig schlemmen willst, bestellst du abends das vier- oder sechsgängige Menü! *Di, im Winter auch Mo geschl. | Am Dorfteich 2 | Tel. 04651 32120 | fitschen-am-dorfteich.de | €€–€€€*

TAMPE'S RESTAURANT

INSIDER-TIPP
Austern auf elferlei Art

Ob Scholle, Hummer, Schweinebauch oder Lammfilet – Norbert Tampe versteht sein Handwerk. Die Austernkarte – wilde Austern aus dem Wattenmeer – mit elf Positionen sucht ihresgleichen. Und auch die Saisonkarten zeigen, dass die Küche Wert auf Regionalität und Nachhaltigkeit legt. Ein tolles kulinarisches Souvenir ist übrigens das Sauerfleisch im Glas von Deichlamm, Gans oder Susländer Schwein. *Mittags und Mi geschl. | Westerlandstr. 12 | Tel. 04651 42653 | tampes-restaurant.de | €€€*

ADMIRALS STUBEN

Klassisches, gutes Restaurant im Lindner Strand-Hotel Windrose. Fischfans sollten mal die Scholle mit Apfel und Blutwurst testen. Auch vegetarische Gerichte sind im Angebot. Anschließend könntest du in der gediegenen Seagull-Bar deinen Absacker genießen, bis 1 Uhr … *Tgl. | Strandstr. 19 | Tel. 04651 940821 | lindner.de | €€*

IISMEER

30 Sorten Bioeis sprechen für sich, darunter auch ausgefallene wie Sanddorn, Ingwer, Dattel-Minze, Ziegenmilch-Walnuss oder Wildlachs-Karotte. Wobei Letztere eigentlich für Hunde gedacht ist … Im Bistro schaust du mit vollem Mund aufs Meer: Du hast z. B. die Wahl zwischen 13 Tapas, kannst aber auch am Feuertisch gefülltes Stockbrot oder Lammrücken mit Äpfeln grillen. *Tgl. | Strandstr. 25 | Tel. 04651 957219 | iismeer.de | €–€€*

LÄSSIG & EASY

Dirk Lässigs hervorragende Küche im Hotel Strandhörn ist leicht und locker, was sich z. B. beim Lachs- oder beim Rinderfilet zeigt. *Mi, in der Nebensaison auch mittags geschl. | Dünenstr. 20 | Tel. 04651 94500 | strandhoern.de | €€*

ONKEL JOHNNY'S STRANDWIRTSCHAFT

In diese Strandhütte kommst du nur zu Fuß! Unter dem Namen Wonnemeyer wurde sie zum Intreff – und dabei ist es geblieben: preiswerte Bistroküche, kinderfreundlich, gute Musik, Traumlage. *Tgl. 12–20 Uhr | Am Strand 1 (FKK-Strand Nord) | Tel. 0170 9009195 | €*

SHOPPEN

FEINKOST MEYER

Wer etwas auf sich hält, wählt zum täglichen Einkauf diesen Nobelsupermarkt hinterm Kreisel am Ortseingang – man gönnt sich ja sonst nichts. Und das freundliche Personal ist eine echte Wohltat! In der Saison auch sonntags von 11 bis 13 Uhr geöffnet. *Osterweg 1–5 | feinkostmeyer.de*

Day Spa im *Lindner*
Windrose (Strandstr. 19
94 08 21 | lindner.de) ist auch für externe Gäste geöffnet: Schon ab 8 Euro kannst du saunen, im Fitnessraum schwitzen und im Pool planschen.

STRÄNDE

Der fast 3 km lange Wenningstedter Strand zieht sich am Fuß des Roten Kliffs entlang. Er hat im nördlichen Abschnitt Richtung Kampen eine Zone für FKK und ganz im Süden und ganz im Norden je eine für Hunde.

WELLNESS

Im *Haus am Kliff (Strandstr. 25)* gibts gleich zwei Institute, die sich um dich bzw. einen ansehnlichen Beachbody kümmern: das *Medcontour Sylt (medcontour-sylt.de)* und die *Körperwerkstatt Sylt (koerperwerkstattsylt.de)*. Das

AUSGEHEN & FEIERN

LÄSSIG BAR

Ein cooler Kontrapunkt zum Sylter Discosound. Kubanische Zigarren genießt man in der Raucherlounge, den Sundowner draußen in der Gartenlounge. Es gibt auch Snacks als Grundlage. *Do–Di 17–23.30 Uhr | Dünenstr. 20 (im Hotel Strandhörn)*

BRADERUP

(◫ C8) **Das Dörfchen Braderup an der Ostküste der Insel ist eingebet-**

Strandkorb oder Zelt, mit Badezeug oder FKK: An Wenningstedts Strand ist Platz für alle

tet in eine stille Weide- und geschützte Heidelandschaft.
Gepflegte Reetdachanwesen am Watt liegen preislich nicht weit unter dem Kampener Niveau – auf 120 Einwohner kommen 180 Zweitwohnungsbesitzer. In Braderup solltest du Urlaub machen, wenn du gerne wanderst, radelst und deine Ruhe haben willst. Auch gibt es hier noch Landwirtschaft, Pferdehöfe und in der sehenswerten alten Poststation von 1852 das moderne kleine Hotel Weißes Kliff.

SIGHTSEEING

NATURSCHUTZGEBIET UND NATURZENTRUM BRADERUPER HEIDE ★

Das große Gelände am nördlichen Rand des Orts ist von Fußwegen durchzogen und stellt so eine herrliche Wanderalternative zum Strand dar. Es ist ein einzigartiger Lebensraum von bis zu 2500 (Klein-)Tier- und Pflanzenarten; von Letzteren stehen ca. 45 Prozent auf der Roten Liste der bedrohten Arten.
Betreuender Verein, der auch Führungen anbietet, ist die Naturschutzgemeinschaft Sylt e. V., der älteste Naturschutzverein Schleswig-Holsteins. Seinen Sitz hat er im ☂ *Naturzentrum (April–Okt. Mo–Sa 10–18 Uhr | Eintritt frei, Spende erbeten | Martin-T.-Buchholz-Stich 10a | Tel. 04651 44421 | naturschutz-sylt.de | ⏲ 40 Min.)*, in dem du dir auch naturkundliche Ausstellungen, einen großen Gartenteich und einen Kräutergarten anschauen, erlauschen und erschnüffeln kannst.

SHOPPEN

KÖRNERLADEN

Frisches Obst und Gemüse, selbst gebackenes Brot, Milchprodukte (köstlicher Käse!), aber auch Schafsmilchseife und Ähnliches – vieles aus der Region und alles garantiert ökologisch korrekt. Auch eine kleine Caféterrasse gehört zu dem bunt geschmückten Holzhaus des Familienbetriebs. *M.-T.-Buchholz-Stich 8 | koernerladen.de*

MANUFAKTUR

Echte Handarbeit: Helga Behrens und Christian Ostermann schaffen in ihrer Lederwerkstatt zeitlos schöne Kreationen – vom Gürtel über Sandalen bis zur Hirschlederjacke. Allein die diversen Umhänge-, Akten- und Reisetaschen, Einkaufsbeutel, Geldbörsen und Kosmetiktäschchen können einen Kaufrausch auslösen! *M.-T.-Buchholz-Stich 9 | manufaktur-sylt.de*

INSIDER-TIPP
Von Kopf bis Fuß auf Leder eingestellt

MUNK-MARSCH

(D9) **Kaum zu glauben, aber der kleine, am Watt gelegene Ort nördlich von Keitum war zu seiner Blütezeit der wichtigste Hafen der Insel.**
Ein paar Häuser, eine Mühle und das 1869 gebaute Fährhaus waren das Erste, was anreisende Gäste von Sylt sahen. Nach der Eröffnung des Hinden-

Im Sommer rollt Sylt in der Braderuper Heide den rosaroten Blütenteppich aus

burgdamms 1927 fiel der Ort in einen Dornröschenschlaf und wurde erst Ende des 20. Jhs. wieder wachgeküsst. Doch das Dorf mit seinem kleinen Seglerhafen ist ruhig geblieben; keine 100 Munkmarscher sehen sich derzeit 130 Ferienhausbesitzern gegenüber.

ESSEN & TRINKEN

ZUR MÜHLE

Klassische norddeutsche Küche mit allem, was so dazugehört – probier mal die halbe Ente mit handgemachten Kartoffelklößen oder die Keule vom Salzwiesenlamm! Nachmittags selbst Gebackenes, Terrasse mit weitem Blick übers Wattenmeer. *Mo-Abend und Di geschl. | Lochterbarig 24 | Tel. 04651 38 77 | zur-muehle-sylt.de | €€*

KÄPT'N-SELMER-STUBE

Das wohnliche Restaurant im Fährhaus Sylt ist friesisch-modern eingerichtet, die saisonale Speisekarte sorgfältig komponiert. Ein Ganzjahrestipp ist die köstliche *bourride* (Fischsuppe) mit *sauce rouille*. Überdachte Terrasse mit herrlich altmodischem Charme und Blick auf den Seglerhafen. Günstige Mittagskarte. *Tgl. | Heefwai 1 | Tel. 04651 9 39 70 | faehrhaus-sylt.de | €€€*

SPORT & SPASS

SYLTSURFING

Golf-, Segel- und Surfschule im Munkmarscher Hafen von Calle Schmidt, dem Sylter Surfpionier, der den Sport 1972 in Deutschland etablierte und auch heute noch die ein oder andere Lehrstunde erteilt. *Bi Heef 4 | Tel. 04651 93 50 77 | syltsurfing.de*

WELLNESS

DAY SPA IM FÄHRHAUS SYLT

Auch als Tagesgast kommst du in den Genuss der Behandlungen im exklusiven Fährhaus-Spa. Es gibt diverse Pauschalen, Handtücher, Bademantel, Frotteeslipper, Tees, Mineralwasser und Obst inklusive. *Tgl. 10–16 Uhr | Heefwai 1 | Tel. 04651 9397410 | faehrhaus-sylt.de*

KEITUM

(🕮 D10) **Der einstige Sylter Hauptort gehört zu den schönsten Dörfern Nordfrieslands. Verschlungene Wege, die von den prächtigsten Friesenhäusern der Insel gesäumt werden, durchziehen den verwinkelten alten Ortskern. Verlaufen ist hier programmiert und gehört zu einem Bummel einfach dazu.**

Die geschützte Lage des Dorfs am Wattenmeer, hoch gelegen auf dem Grünen Kliff, bewahrte es davor, von Sturmfluten zerstört zu werden, wie es in den westlichen Nachbargemeinden fast an der Tagesordnung war – einer der Gründe, warum Keitum damals zum Hauptort der Insel avancierte.

Die geduckten Reetdachhäuser stammen vorwiegend aus dem 18. Jh., einige sind noch älter. Die damalige wirtschaftliche Blütezeit, Sylts „Goldenes Zeitalter", war eine Ära, in der fast jede Familie von der Seefahrt lebte. Die Männer befuhren alle Weltmeere, um mit Kostbarkeiten wie Gewürzen, Stoffen oder Tee nach Europa heimzukehren, andere machten als Walfänger ein Vermögen. Fast jeder Mann war fern der Insel, sodass die Verantwortung für die Familie und das Dorf in den Händen der Frauen lag – Emanzipation war selbstverständliche Notwendigkeit.

Heutzutage leben die 850 Keitumer vom Fremdenverkehr. Das erste Hotel wurde zwar erst 1970 eröffnet, dann aber ging die Entwicklung rasant. Kaum ein Häuschen, das heute nicht teilweise vermietet wird oder einem der über 500 Zweithausbesitzer gehört. Anstelle von Läden für den täglichen Bedarf findet man jetzt elegante Boutiquen im Dorf, Designshops und Teestuben.

Diese Entwicklung hatte und hat natürlich nicht nur positive Seiten: Der Dorfkrug ist längst weg, die Immobilienpreise sind mittlerweile exorbitant und Ärger mit ortsfremden Investoren belastet immer wieder mal das Gemeindeleben. Bezeichnendes Beispiel dafür war der Skandal um die sogenannte Keitum-Therme, die als halb fertige Ruine fast zehn Jahre lang das Kliff verschandelte. 2017 wurde der Thermentorso endlich abgerissen, das Gelände renaturiert, mit dem Namen Helhoog und Strandkörben versehen. Wenn in denen nun die verantwortlichen Kommunalpolitiker sitzen, schämen sie sich hoffentlich und rechnen nach, was das Abenteuer Therme die Steuerzahler wohl gekostet hat – Schätzungen sprechen von 15 Mio. Euro …

Damit Keitums Blütezeit nicht in Vergessenheit gerät – und um die Sylter Sitten und Gebräuche zu bewahren –, gründete man 1906 die Söl'ring Foriining („Sylter Verein", *soelring-forii ning.de*). Eine der ersten Amtshandlungen war die Schaffung der beiden Museen, die nach über 100 Jahren immer noch eine der Hauptattraktionen des Dorfs sind. Sie liegen am Grünen Kliff und damit über einem der schönsten Wanderwege der Insel, dem *Kliffweg*.

Ein Blick ins Keitum des 19. Jhs.: Das Altfriesische Haus zeigt das damalige Originalinventar

Wenn der Himmel auf Sylt bedeckt ist, sprechen die Einheimischen von „Keitumwetter", weil dann alles ins Friesendorf strömt.

INSIDER-TIPP
Antizyklisch nach Keitum

Wer jedoch an einem Sonntag nach Keitum kommt, wenn alle am Strand liegen, kann das Idyll weitgehend ungestört genießen. Da die kleinen Straßen des Dorfs dem Verkehr nicht mehr gewachsen waren, hat man eine Umgehungsstraße gebaut. Wer ins Dorf hineinwill, fährt in eine Sackgasse, eine Durchfahrt ist nicht möglich. Tipp also: Gleich auf einem der beiden Parkplätze am Ortseingang aus Richtung Tinnum oder Munkmarsch parken! Empfehlenswert sind die verschiedenen *Dorfführungen* (s. S. 115) und die *Kutschfahrten (Mai–Okt. Mi und So, Abfahrt 11, 12, 13 und 14 Uhr ab Parkplatz westl. Ortseingang Richtung Tinnum | 8 Euro | Reservierung vor Ort oder Tel. 0175 2 07 43 00)* – mit 2 PS zuckelt man gemütlich durchs Dorf.

SIGHTSEEING

HISTORISCHER ORTSKERN

Nordöstlich des Gurtstigs, Keitums Hauptstraße, findest du zwischen Erich-Johannsen-Wai und Mühlenweg die meisten schönen Häuser des Orts, manche von ihnen weit über 200 Jahre alt. Bei den verwinkelten Sträßchen fällt die Orientierung manchmal schwer, doch das sollte dich nicht stö-

ren, fast alle Häuser und ihre bunten Vorgärten kann man sich gut auch zweimal angucken.
Besonders sehenswerte Friesenhäuser stehen in der Straße *Am Kliff;* im *Weidemannweg* fällt besonders ein weißes Kapitänshaus ins Auge, das *Weidemannhaus.* Die ihn kreuzende C.-P.-Hansen-Allee war mal die Vorzeigestraße des grünen Keitum: Sie war gesäumt von vielen der ca. 550 Ulmen des Dorfs, die leider von einem Pilz befallen und 1999 sämtlich gefällt wurden. Die an ihrer Stelle neu gepflanzten Ahorne, Eschen etc. sind von deren stattlicher Größe noch einige Jahre entfernt. Wirklich malerische kleine Reetdachhäuschen stehen im *Dikwai* und im *Takerwai;* sie gehörten einst nicht Keitumer Kapitänen, sondern einfachen Handwerkern.

ALTFRIESISCHES HAUS

Das Wohnhaus eines Walfängers aus dem Jahr 1739 war im 19. Jh. das Domizil des Ortschronisten Christian Peter Hansen. Das original erhaltene Inventar steht vor gefliesten und getäfelten Wänden. Wirf im Wohnzimmer, dem Pesel, mal einen Blick an die Decke! *Ostern–Okt. Mo–Fr 10–17, Sa/So 11–17, Nov.–Ostern meist Do–So 11–15 Uhr | 6 Euro, Kombikarte mit Heimatmuseum 10 Euro | Am Kliff 13 | ⏲ 1 h*

SYLTER HEIMATMUSEUM ★

In dem ehemaligen Kapitänshaus von 1759 wird die Inselgeschichte dokumentiert, es gibt eine gute archäologische Abteilung und eine Ausstellung über das dramatische, kurze Leben des Sylter Nationalhelden Uwe Jens

Lornsen (geboren 1793 in Keitum, gestorben 1838). Außerdem: eine Galerie, die in Sonderausstellungen Bilder der Sylter Landschaft präsentiert, und eine Schau über das Sylter Nachtleben ab 1948 anhand des seinerzeit berühmt-berüchtigten Nachtlokals „Ziegenstall" in Kampen. Das Gartentor wird von den Unterkieferknochen eines Finnwals gebildet. *Ostern–Okt. Mo–Fr 10–17, Sa/So 11–17, Nov.–Ostern Do–So 11–15 Uhr | 6 Euro, Kombikarte mit Altfriesischem Haus 10 Euro | Am Kliff 19 | 2 h*

STEINZEITLICHE GRÄBER

Am Watt führt die Straße Am Tipkenhoog – vorbei am Kulturhaus Friesensaal und dem Fünfsternehotel Severin's – zu den steinzeitlichen Gräbern Harhoog und Tipkenhoog. Eigentlich eher langweilig, so ein Grabhügel, aber der Weg lohnt sich trotzdem, denn von der Kuppe des *Tipkenhoogs* hat man einen großartigen Blick über die Keitumer Bucht.

ST. SEVERIN ★

Alle, die mit der Bahn anreisen, grüßt die hohe, frei stehende Kirche mit ihrem wuchtigen Kirchturm, der erst Mitte des 15. Jhs. aus Ziegelsteinen aufgemauert wurde und zunächst eher als Seezeichen diente. Das Keitumer Gotteshaus ist das größte mittelalterliche Bauwerk der Insel. Seine Anfänge (Chor und Apsis) stammen aus dem frühen 13. Jh. Die Kirche ist innen und außen schlicht gehalten, Schmuckstücke sind der gotische Flügelaltar und die Renaissancekanzel. Ältestes Inventar ist der aus Sandstein gefertigte Taufstein aus dem 11./12. Jh.

INSIDER-TIPP **Lass dir was erzählen**

Die eindrucksvolle Kirche hat viel zu erzählen; wenn du mehr über sie erfahren möchtest, solltest du dir das wunderbare Hörbuch „St. Severin auf Sylt" besorgen, erhältlich im Sylter Buchhandel: Wilhelm Wieben, ehemaliger Tagesschausprecher, führt dich nicht nur durch die Kirche, sondern auch über den Friedhof, auf dem neben Peter Suhrkamp, Rudolf Augstein und Fritz J. Raddatz viele weitere bekannte Persönlichkeiten ihre letzte Ruhestätte gefunden haben und in dessen nördlichem Teil alte Grabsteine an die Keitumer Kapitäne erinnern. Am Südeingang zum Friedhof sitzt vor einem Gebüsch eine Bronzeskulptur: eine Replik des Werks „Cloak of Conscience" von Anna Chromy. Die einen mögen sie unheimlich finden, die anderen finden sie schlicht und einfach ergreifend – halt eine Weile inne und mach dir selbst ein Bild.

Jeden Mittwochabend finden in St. Severin stimmungsvolle Konzerte statt, bei denen meistens die wunderbare Orgel die Hauptrolle spielt und die zu einem unvergesslichen Sylturlaub einfach dazugehören. *Tgl. 10–16, Führungen Do 16 Uhr, Friedhofsführungen im Sommer Fr 11 Uhr | Munkmarscher Chaussee | st-severin.de*

ESSEN & TRINKEN

JOHANNES KING GENUSS-SHOP

Am Ortseingang bringt der Zweisternekoch in einem kleinen Laden seine

Kirschkuchen, Käse-Mohn-Torte, Kopenhagener: große Auswahl in Nielsens Kaffeegarten

Lieblingsprodukte unter die Leute. Eine ganze Reihe – z. B. die Käseauswahl mit Rosenmarmelade oder das Tatar vom Biolachs – kannst du probieren, drinnen an Tisch oder Tresen und draußen auf der kleinen Terrasse. *Mo–Sa 11–20 Uhr | Gurtstig 2 | Tel. 04651 9 67 77 90 | johannesking.de | €€*

BROT & BIER

Alexandro Pape hat seine zwei Sterne aus dem Munkmarscher Fährhaus an den Nagel gehängt und am Keitumer Kreisel die Tradition des Abendbrots zu neuem Leben erweckt. Es gibt selbst gebackenes Brot (über zehn Sorten!), so üppig belegt, dass von einer Scheibe Brot überhaupt keine Rede sein kann. Dazu selbst gebrautes Bier und zum Nachtisch arme Ritter. *So/Mo und abends geschl. | Gurtstig 1 | Tel. 04651 9 36 37 43 | brot-und-bier.de | €€*

INSIDER-TIPP
Luxusbrot bis zum Abendrot

KLEINE TEESTUBE

Gemütliches Ambiente unter Reet und im Garten in der Poleposition – hier kommt jeder vorbei. Wer hier frühstücken will, sollte reservieren – es ist fast immer voll. *Fr–Mi 10–18 Uhr | Westerhörn 2 | Ecke Gurtstig | Tel. 04651 3 18 62 | kleineteestube-sylt.de | €*

SÜNHAIR BY KLAUS

Wem der Trubel in der Teestube zu doll ist oder wer Lust auf was Herzhaftes hat, der schneit schräg gegenüber bei Klaus und Astrid Kahle rein – zu Pannfisch oder Pastorenstück mit Bratkartoffeln. *Di und mittags geschl. | Erich-Johannsen-Wai 2 | Tel. 04651 4 49 89 99 | restaurant-suenhair.de | €€*

NIELSENS KAFFEEGARTEN

Seit 1909 existiert dieses inselweit berühmte Café – nach Abriss und Neubau 2017 ist es nun schöner denn je! Inklusive herrlicher Terrasse oben auf dem Kliff mit tollem Blick übers Watt. Draußen und drinnen gibts Frühstück, Kuchen und kleine Gerichte. *Mi–Mo 8–18 Uhr | Am Kliff 5 | Tel. 04651 3 16 85 | nielsens-kaffeegarten-sylt.de | €*

PIUS' WEINWIRTSCHAFT

Der Schweizer Pius Regli hat in seiner gemütlichen Weinstube rund 250 Weine im Angebot, 35 davon offen, dazu eine Vesperkarte vom Feinsten. *Mittags geschl. | Am Kliff 5 | Tel. 04651 8 89 14 38 | pius-weine.de | €*

KLEINE KÜCHENKATE

Detlef und Heike Sprengkamp betreiben ihr schönes Restaurant in einem Blockhaus mit lauschigem Terrassengarten. Solide, gute Küche vom Galloway-Labskaus bis zur Nordseescholle. *Mi (im Winter auch Do) geschl. | Am Kliff/Hoyerstig | Tel. 04651 3 33 87 | kleinekuechenkate.de | €*

AMICI

Freunde hat das geradlinig-modern gestaltete Restaurant viele. Gehobene mediterrane Küche, auch auf der Terrasse und im Garten. *Außer im Aug. So geschl. | C.-P.-Hansen-Allee 1 | Tel. 04651 9 57 09 47 | amici-sylt.de | €€€*

REBLAUS WINE & DINE

Feine Kleinigkeiten und große Weinauswahl im Bistro am Watt, von Lammbratwurst bis Lachstatar. Probier mal den Tomatensalat mit Ziegenfrischkäse! Abends kannst du dir dein Essen aus tagesaktuellen Zutaten selbst komponieren und beim Zubereiten vor der offenen Küche zuschauen. *Tgl. | Am Tipkenhoog 2 | Tel. 04651 8 86 89 70 | reblaus-sylt.de | €*

INSIDER-TIPP
Selber kochen – beinahe

HOOG

Gebratener Kabeljau oder Schmortopf vom Salzwiesenlamm im Fünfsterneresort Severin's am östlichen Ortsende – und sogar durchaus bezahlbar. *Tgl. | Am Tipkenhoog 18 | Tel. 04651 46 06 65 36 | severins-sylt.de | €€€*

SALON 1900

Eine Inselinstitution – das Restaurant mit Gerichten wie Keitumer Bouillabaisse oder die geschmorten Kalbsbäckchen kann man nur empfehlen! Tagsüber gibts auch Kuchen und Waffeln im lauschigen kleinen Garten. *Mo geschl. | Keitumer Süderstr. 40 | Tel. 04651 93 60 00 | salon1900.de | €€*

KÖKKEN

Willst du in Keitum Fisch essen, ist das Restaurant im feinen Hotel Benen-Diken-Hof die erste Adresse: z. B. gebratene Jakobsmuscheln vorweg und dann confierter Heilbutt. *Mittags, Nov.–März auch Mi geschl. | Keitumer Süderstr. 3–5 | Tel. 04651 9 38 30 | benen-diken-hof.de | €€€*

SHOPPEN

DESIGN ☂

Am Kliff 5a steht das lauschige *Witthüs,* in dem man Elegantes und Verspieltes von Schmuck bis Schalen aus Bronze, Glas oder Ton entdecken kann. Wer mehr oder weniger geschmackvolle Einrichtungsgegenstände sucht, geht z.B. zu *Bosedo (Gurtstig 2)*, wer moderne Designs mit Stil bevorzugt, zu *Nordlicht (Gurtstig 48)*.

KUNSTHANDWERK & SCHMUCK

Die Goldschmiedin *Antje Ballauf (Alter Kirchenweg 4)* schafft großen, unverwechselbaren Schmuck. Im *Bahnhofsgebäude* findest du im *Glasatelier von Antje Otto* Schmuck, Objekte und Glasbilder. Auf dem Weg dorthin liegt in einem alten Friesenhaus *(Gaat 6)* die Töpferei von *Regine Skoluda* und *Till Bruttel*, die ihre Unikate mal zart, mal kontrastreich bemalen. In der Schmuckwerkstatt von *Birte Wieda (Gurtstig 26)* entstehen vor allem gradlinige, formreduzierte Schmuckstücke. Etwas verspielter ist der Gold- und Silberschmuck von *Christoph Freier (Erich-Johannsen-Wai 1). sylterkunsthandwerker.de*

LEBENSMITTEL

Südlich der Bahngleise verkauft der *Gänsehof (Koogstr. 2 | gaensehof-sylt.de)* im Hofladen Delikatessen von Lamm, Gans und Gallowayrindern, gegenüber vom Bahnhof an der Straße nach Morsum gibt es in der *Sylter Landschlachterei (Bäderstr. 2 | landschlachterei-sylt.de)* allerlei Gutes vom Galloway und im *Friesischen Käselädchen (Siidik 6)* ist die Kühltheke gefüllt mit wunderbaren Wurst- und Käsespezialitäten von Ziege, Schaf und Kuh.

Das *Kontorhaus Keitum (Siidik 15 | kontorhauskeitum.de)* führt – neben einer Unmenge von Teesorten natür-

Auf einem flachen Hügel steht Morsums romanische Dorfkirche St. Martin

lich – alle Accessoires rund um die Teekultur. Im großzügigen Teeraum kannst du mit Blick auf die Marschwiesen in aller Ruhe deine ganz persönliche Teezeremonie zelebrieren. Etwas Besonderes hier sind übrigens die wundervollen Klassik- und Jazzkonzerte, die hier mehrmals im Jahr in kleinem Rahmen stattfinden.

INSIDER-TIPP
„Marschmusik" mit Cello oder Klarinette

MORSUM

(□ F11) **„An erster Stelle auf Sylt" lautet der selbstbewusste Slogan der Morsumer in Hinblick auf den ersten Sylter Bahnhof, den ein vom Festland kommender Zug erreicht.** Hinsichtlich des Fremdenverkehrs steht man zum Glück nicht an erster Stelle. In Morsum (1150 Ew.) überwiegen Ruhe und Beschaulichkeit, die vielen Wanderwege entlang der Felder, Weiden und Deiche lassen den fehlenden Strand kaum vermissen. Abgesehen davon haben die Morsumer ihre eigene Badestelle im südlichen Watt, etwas westlich der Morsum-Odde. Hier kann man zwar nur bei Flut „in die Fluten steigen", die etwas trübe sind, aber dafür ist das Wasser immer ein paar Grad wärmer als an der Westseite und es gibt keine Brandung, die einem die Frisur ruinieren könnte.

INSIDER-TIPP
Baden für Warmduscher

Früher lebten fast alle Morsumer von der Landwirtschaft, heute nur noch ein paar; deshalb kannst du hier ganz wunderbar Urlaub in Ferienapartments machen, denn von irgendwas müssen die Menschen ja leben.

SIGHTSEEING

ST. MARTIN

Die im 12. Jh. errichtete kleine Kirche am südlichen Rand des Dorfs wirst du als solche gar nicht so schnell erkennen, denn sie besitzt keinen Turm, sondern nur einen sogenannten Glockenstapel aus Holz mit einer einzigen Glocke, der auf dem kleinen, die Kirche umgebenden Friedhof steht. Im 30-jährigen Krieg diente sie als Wehrkirche. Auf dem Friedhof liegt die Grabstelle des Offiziers und Widerstandskämpfers Fabian von Schlabrendorff, der am Attentat auf Hitler am 20. Juli 1944 beteiligt war. Hörenswerte Orgelvespern finden von Juni bis Oktober montags um 20.15 Uhr statt, Sommerkonzerte von Juni bis September sonntags um 20.15 Uhr. *kirche-morsum.de.*

MORSUM-KLIFF ★ ⚑

Unter Geologen ist Morsum weltbekannt für das farbenprächtige, Millionen Jahre alte Morsum-Kliff. Die Landschaft des Kliffs steht unter Naturchutz, betreuender Verein ist die *Naturschutzgemeinschaft Sylt e.V. (Tel. 04651 44421 | naturschutz-sylt.de),* die interessante Führungen *(April–Okt. Mo, Mi, Fr 11, Di, Do 14 Uhr | Spendenempfehlung 6–7,50 Euro | Treff: Parkplatz Nösse)* anbietet. Wenn du am Fuß des 20 m hohen Kliffs entlangspazierst, wirst du leicht erkennen, dass der Abhang aus unterschiedlichem Material aufgebaut ist. Weiße, rote

Für die Wenn-schon-denn-schon-Fraktion: eine Kette oder ein Ring von Jonas Raspé

und schwarze Erdschichten liegen nebeneinander. Am ältesten ist der blauschwarze Glimmerton, der sich vor ca. 6–10 Mio. Jahren auf dem Grund eines warmen Meers ablagerte. In den nachfolgenden Jahrmillionen änderten sich die Verhältnisse, das tiefe Meer wurde zu einem flachen Gewässer. Nun lagerte sich eine durch hohen Eisenanteil rot-orange-braun gefärbte Schicht Limonitsandstein ab. Doch damit nicht genug: Darüber floss vor 2 bis 3 Mio. Jahren noch ein gewaltiger Fluss hinweg, der weißen Kaolinsand hinterließ. Dieser 10 Mio. Jahre währende Massenfallout läge normalerweise tief im Erdinnern verborgen, geschichtet wie ein Baumkuchen, wenn nicht vor 120 000 Jahren ein gewaltiger Gletscher vorbeigekommen wäre, dessen Gewicht die Schichten an die Oberfläche drückte. Leider ist diese einzigartige Landschaft zunehmend bedroht: Die starken Stürme der letzten Jahre haben schon etliche Meter des Kliffs abgetragen.

Zu diesem ältesten Naturschutzgebiet Deutschlands gehört auch die oberhalb liegende Heidelandschaft, in der seltene Pflanzen, Reptilien und Vögel ein kleines Rückzugsgebiet haben, das sie sich mit einem weiteren Superlativ teilen: dem größten zusammenhängenden Hünengräbergelände Deutschlands.

ESSEN & TRINKEN

INGWERSEN

Sobald das Wetter es zulässt, wird es voll im schönen, großzügigen Cafégarten der Bäckerei und Konditorei. Für viele Morsumer Residenten sind Frühstück, Brunch oder Abendbrot bei Ingwersen angenehme tägliche Pflichtübung. Vom Croissant über Rosentorte (!) bis zur Quiche: Es ist zwar etwas teurer, aber dafür ist man unter sich … *Tgl. 8–20 Uhr | Terpstig 76 | Tel. 04651 82 33 46 | ingwersen-sylt.de | €€*

WIE ZUHAUSE

Wo sich die Morsumer zu allen möglichen Anlässen treffen, im Gemeindezentrum, können sie sich wirklich wie zu Hause fühlen, gibts dort doch auch anständig was zu futtern: Bauernfrühstück, Sauerfleisch mit Bratkartoffeln, Scholle etc. Dazu eine wechselnde Tageskarte. *Mo, in der Nebensaison auch mittags geschl. | Bi Miiren 17 (im Muasem Hüs) | Tel. 04651 8 35 15 83 | wiezuhause-morsum.de | €*

LANDHAUS SEVERIN'S

Auf der Poleposition mitten im Naturschutzgebiet: Frühstück auf der Terrasse, ein ausgedehnter Spaziergang am Morsum-Kliff, mittags Gallowaybratwurst mit Salat, Verdauungsspaziergang im Morsumer Wäldchen, ein Stück Kuchen oder ein Weinchen im Strandkorb; sitzenbleiben, bis drinnen das Abendessen serviert wird: Seeteufel mit Gemüsen, dann Sundowner auf der Terrasse – was für ein Tag! *Tgl. | Nösistig 13 | Tel. 04651 4 60 68 80 | landhaus-severins.de | €€–€€€*

SHOPPEN

SYLTER SEIFENMANUFAKTUR

Im ehemaligen Bahnhofsgebäude wird Seife gesiedet und unter Zuhilfenahme von Sylter Naturprodukten zu duftenden Kompositionen geformt: „Sylter Heckenrose", „Sylter Queller", „Sylter Thalasso" (mit Heilschlick) und acht weitere Seifen. Außerdem werden im Laden allerlei Accessoires zum Thema Bad(e)kultur verkauft, z. B. die originellen, aus Badekappen gearbeiteten „Gänsehaut"-Kulturtaschen. *Bi Miiren 11 | syltersei fen.de*

INSIDER-TIPP **Der Duft von Watt und Wiese**

EDDA RASPÉ – JONAS RASPÉ

In einem alten Friesenhaus entstehen in dieser urigen Goldschmiedewerkstatt glänzende Kostbarkeiten, kombiniert mit ungewöhnlichen Materialien: So ein Silberring oder eine Goldkette mit einem geschliffenen Stein vom Sylter Strand ist doch was Bleibendes! *Terpstig 15 | edda-raspe.de*

INSIDER-TIPP **Sylter Edelsouvenir**

BASTEL-BOCKELMANN

Renate Lohse hat ihr Lädchen im eigenen Haus im südlichen Ortsteil und verkauft dort, quasi „auf der grünen Wiese", neben handgefilzten Pantoffeln und handgestrickten Mützen selbst gestrickte dicke Socken aus Wolle von Sylter Schafen. *Di–So, im Winter Di–Sa 13–17 Uhr | Serkwai 19*

INSIDER-TIPP **Wohlig-wollig warme Socken**

HOFLÄDEN

Bauer Jens Nielsen lebt noch von der Landwirtschaft. Seine frische Sylter Milch bekommst du direkt auf dem Hof *(Hooger Wal 33)* oder im Einzelhandel. Und auf dem *Hansenhof (Terpstig 65 | hansenhof-sylt.de)* kannst du jedes Huhn persönlich kennenlernen, dessen Eier du dort kaufst. Im Hofladen gibts aber auch die berühmten Morsumer Kartoffeln und vieles mehr – im Prinzip alles für ein komplettes Frühstück oder Abendessen.

ARCHSUM

(📖 D–E11) **Archsum, das kleinste Dorf der Insel (220 Ew.), liegt im ruhigen Osten von Sylt.**

Leben wie Gott auf Sylt: Mittagssnack und Gläschen Sekt auf der Terrasse im Landhaus Stricker

Größe und Bekanntheitsgrad scheinen hier miteinander zu korrespondieren – so viele auch mit dem Namen Sylt etwas anfangen können, den Namen Archsum kennt kaum jemand. Die daraus resultierende Ruhe ist ein Geschenk. Verstreute alte Höfe (immer noch wird etwas Landwirtschaft betrieben) liegen in einer einzigartigen Wiesenlandschaft, die bis zum Bau des Nössedeichs in den 1930er-Jahren bei Sturm regelmäßig unter Wasser gesetzt wurde. Die zahlreichen einstigen Priele durchziehen heute noch die Landschaft. Im Sommer sind sie Anglerparadies, im Winter kannst du hier mit den Sylter Schlittschuhläufern eine rutschige Runde drehen. Der Ort ist übrigens – wie alle „um"-Orte in dieser Region – eine Gründung von Friesen, die ca. 800 n. Chr. einwanderten.

Weil der Tourismus die östlichen Inseldörfer erst spät erreichte, hat sich in Archsum noch viel friesisches Brauchtum erhalten wie die vom Aussterben bedrohte Sprache der Sylter, das Söl'ring, das du hier noch am ehesten hören kannst. Zum Beispiel am zweiten Samstag im Juli, wenn die Archsumer ihr Dorffest feiern, oder immer zu Pfingsten, wenn eines der traditionellen Ringreitturniere stattfindet.

INSIDER-TIPP
Feiern auf Friesisch

SIGHTSEEING

HÜNENGRÄBER

Wer bei Archsum am Deich entlangspaziert, wird bei Ebbe große Findlinge im Watt liegen sehen. Diese einstigen Hünengräber sind ein schöner Beleg dafür, wie viel Land längst vom

Meer verschlungen wurde, denn als die Gräber vor rund 5000 Jahren gebaut wurden, lag der Meeresspiegel noch gut 10 m tiefer.

ESSEN & TRINKEN

ALTE SCHULE

Regionale Küche, bodenständig und schnörkellos. Die Portionen sind üppig bemessen – ob eingelegter Schafskäse, Kartoffelsuppe mit Speckstippe und Krabben, Sauerfleisch mit Bratkartoffeln oder Pannfisch mit Senfsauce. *Mi geschl. | Dorfstr. 6 | Tel. 04651 89 15 08 | alteschule-sylt.de | €*

TINNUM

(C10) **Bei Tinnum denken die meisten nur an das Gewerbegebiet von Sylt. Das ist nicht falsch, tut dem Ort (3050 Ew.) aber insofern unrecht, als man abseits der Hauptstraßen Wiesenidylle und schöne alte Friesenhäuser findet.**

Tinnum war über Jahrhunderte Sitz der Landvögte, die dank ihrer Amtsgewalt sozusagen die kleinen Könige von Sylt waren. Wer im von den Bahngleisen durchschnittenen Tinnum seinen Urlaub verbringt, wohnt strategisch günstig: Die Wege sind kurz und es ist viel preiswerter als anderswo.

SIGHTSEEING

TINNUMBURG

Diese „Burg" ist nur ein einfacher Ringwall, aber immerhin einer der ältesten in Schleswig-Holstein (erste Funde aus der Zeit um das Jahr 0), dessen Inneres vermutlich einst ein wichtiger Kultplatz war. Später lebten Wikinger innerhalb des Walls, so viel ist sicher – mehr aber auch nicht.

TIERPARK TINNUM

Ara trifft Austernfischer, Kronenkranich stakst neben Weißstorch: Familie Christiansen präsentiert in ihrem äußerst liebevoll gestalteten Zoo über 400 Tiere, darunter viele einheimische Arten. Das parkähnliche Gelände und ein großer Spielbereich u.a. mit Tretbooten auf einem Teich machen den kleinen Tiergarten zu einem tollen Ziel für Familien (Picknick mitnehmen!). *Mai–Okt. tgl. 10–19 Uhr | 12 Euro, Kinder (3–14 Jahre) 6 Euro | Ringweg 100 | syltmail.de/tierpark_tinnum | 3–4 h*

ESSEN & TRINKEN

LANDHAUS STRICKER

Sternekoch Holger Bodendorf zaubert im als Hotel durchgestylten Friesenhaus, Baujahr 1784: wunderbar leichte, mediterran inspirierte Küche im *Bodendorf's (Mo und mittags geschl.)*, im *Siebzehn84 (tgl.)* ebenso leichte internationale Küche, ergänzt um regionale Klassiker, die besten Burger weit und breit und ein Frühstück bis 14 Uhr. *Boy-Nielsen-Str. 10 | Tel. 04651 8 89 90 | landhaus-stricker.de | €€€*

ZUR EICHE

Seit über 130 Jahren der Dorfgasthof, in dem sich die Sylter treffen, längst aber auch ein modernes Restaurant

INSIDER-TIPP
Edel-regionale Kost im Dorfgasthof

mit hochwertiger Regionalküche von Nordseescholle bis Ochsenbacke und drei großzügige Salatvarianten. *Mi und mittags geschl. | Zur Eiche 38 | Tel. 04651 3 11 44 | zureichesylt.de | €€*

KLEIN'ER KUHSTALL

„Hofcafé" nennt Birgit Klein ihr Kuchen-Kaffee-Tee-Paradies in einem Bauerngarten mitten im alten Tinnum, in dem du aber auch Herzhaftes wie eingelegten Schafskäse oder eine „Mistplatte" (Parmaschinken, Salami, Deichkäse) bekommst und dazu einen trockenen Wein. *Fr–Mi 12.15–18.15 Uhr | Südhörn 7c | Tel. 04651 8 35 30 05 | kleinerkuhstall.de | €*

INSIDER-TIPP
So ein Mist!

SHOPPEN

Zwischen Flughafen und der Landstraße nach Keitum liegt ein auch architektonisch recht attraktives Gewerbegebiet, in dessen bunten Blechhallen und Holzhäusern jedermann einkaufen kann: Die *Sylter Schokoladenmanufaktur* hat hier ebenso ihren Sitz wie der *Teespeicher*, bei *Heiliger* gibt es Wein und Spirituosen, in der *Sylter Wohnwelt* Möbel zum Mitnehmen und in den *Sylter Werkstätten (Zum Fliegerhorst 33 | syltmeinsylt.de)* arbeiten Menschen mit Behinderung und viel Hingabe: Zu kaufen gibts u. a. Keramik, Kerzen, Konfitüren und Müsli. Auch gegenüber, auf der Südseite der Keitumer Landstraße, lohnt sich das Shoppen: Im *Bahlsen Outlet (Kiarwai 3)* kannst du Kekse und Schokolade halbpfundweise raustragen, bei *I Love Kitesurf (Kiarwai 28 | ilovekitesurf-sylt.de)* will man dir zeigen, dass Kiten und Umweltschutz zusammenpassen, und bei *Vino Vin (Mittelweg 5/ Ecke Keitumer Landstr. | vinovin-sylt.de)* musst du entschlusskräftig sein, so groß ist das Sortiment an italienischen und französischen Genussmitteln.

WELLNESS

SALONFÄHIG

Vor dem Schnitt ein Avocado-Ziegenkäse-Brot, nach der Dauerwelle eine Galloway-Currywurst, während der Haarpflege ein frisch gebrühter Ingwertee oder ein Gläschen Weißwein: Wellness fürs Haupt und für den Magen könnte das Motto dieser stylishen „Frisier-Bar" lauten, wie sich der Salon im friseurüblichen Wortspielwahn durchaus zutreffend nennt. *Mo–Fr 8–18, Sa 8–16, Bar/Café ab 10 Uhr | Keitumer Landstr. 12 | Tel. 04651 2 99 42 52 | salonfaehig-sylt.de*

INSIDER-TIPP
Fönen und nachschenken bitte!

SYLT-FITNESS

Modernes Zentrum, das größte auf der Insel, mit vielfältigem Kursangebot, Saunalandschaft und einer Ruhelounge. *Am Hangar 8 | Tel. 04651 96 78 80 | syltfitness.de*

WESTERLAND

(B9–10) **„(Ich will zurück nach) Westerland" heißt ein Hit der Band**

„Die Ärzte". Wer das erste Mal nach Westerland kommt, wird diese Sehnsucht kaum nachvollziehen können.

Die Architektur der 1960er- und 1970er-Jahre im Innenstadtbereich wird von vielen als eine einzige Bausünde empfunden. Das Angebot der Fußgängerzonen unterscheidet sich kaum vom Einkaufseinerlei anderer deutscher Städte. Ungewöhnlich sind da schon eher die zahlreichen Straßencafés, Imbisslokale und Fischbistros, deren Gerüche aber auch nicht gerade echtes maritimes Flair verbreiten.

Doch so viel auch über die Sylter Metropole, in der 9300 der etwa 20 000 Insulaner leben, geschimpft wird – keiner möchte sie wirklich missen. Wenn im Winter die meisten Orte wie ausgestorben wirken, merkt man hier, dass es noch Leben gibt. Und wer im Sommer das Spiel „Sehen und Gesehenwerden" spielen möchte, ist nirgends besser aufgehoben als auf der Westerländer Promenade und in den Fußgängerzonen mit den angrenzenden Sträßchen, wo die Türen von Kneipen, Bars und Clubs bis in die Nacht offen stehen.

Sein heutiges Gesicht verdankt Westerland – das um 1900 das mondänste Bad an der deutschen Nordseeküste war, glanzvolle Zeiten erlebte und sich seit 1948 mit dem Prädikat Nordseeheilbad schmücken darf – dem durch nichts zu erschütternden Fortschrittsglauben der Wirtschaftswunderjahre. Damals riss man die schönen alten Jugendstilhotels und Logierhäuser in Bäderarchitektur ab, um Platz für die Apartmenthochhäuser an

Auf der Friedrichstraße begegnet einem *tout* Westerland – und ab und an ein Krokodil

der Promenade, das Kurzentrum und das Wellenbad zu schaffen. Nur einer Bürgerinitiative ist zu verdanken, dass es nicht noch schlimmer kam. Ein gigantischer Apartmentblock – 28 Geschosse und 750 Wohneinheiten! – namens Atlantis ging 1972 noch in der Planungsphase unter.

Seit Beginn des 21. Jhs. ist überall restauriert worden. So wurde das Bahnhofsgebäude von 1927 samt Vorplatz erneuert – hier empfängt die etwas gewöhnungsbedürftige grüne Skulpturengruppe „Reisende Riesen im Wind" die Gäste. Das in die Jahre gekommene Kaufhaus H. B. Jensen wurde komplett umgebaut und in den Fußgängerzonen wurden etliche gesichtslose Fassaden im alten Bäderstil neu gestaltet. Die sogenannte Neue Mitte ist ein grünes Plätzchen mitten in der City, auf dem u. a. der dreiwöchige Sylter Wintermarkt stattfindet. Wenigstens ein paar Lichtblicke also. Das Publikum – Urlauber aus den Inselorten, alte Stammgäste und junge Leute, die schon mal anreisen, nur um eine Nacht durchzufeiern – guckt sowieso meistens nicht nach oben, sondern strebt stur der Strandpromenade zu oder den Stehtischen bei Leysieffer oder Gosch.

SIGHTSEEING

ALT-WESTERLAND

Wenn du am Bahnhof nicht den Weg zur Friedrichstraße einschlägst, sondern in die entgegengesetzte Richtung gehst, kommst du zur kleinen Kirche *St. Niels* – und wirst kaum glauben, noch in Westerland zu sein. Geduckte Friesenhäuser und kleine Fußwege – die letzten Reste jenes alten

Nordsee trifft Tropen: Viele Bewohner des Sylt-Aquariums haben einen Migrationshintergrund

Dorfs, das die Überlebenden von Eidum gründeten, als ihr Dorf bei einer Sturmflut 1436 zerstört wurde. So weit weg vom Meer wie nur irgend möglich sollte der neue Ort entstehen, der bald Westerland genannt wurde. Als man St. Niels 1635 baute, lag die Kirche noch 3 km vom Meer entfernt. Wer heute die Strecke abgeht, benötigt nur noch 1200 Schritte! Ein paar Schritte mehr musst du bei einer zweistündigen *Stadtführung (Sa 10 Uhr | 9,50 Euro | Treffpunkt an der Touristinformation, Stephanstr. 6)* laufen. *c4*

HEIMSTÄTTE FÜR HEIMATLOSE

Zahllose Schiffsstrandungen vor Sylt besiegelten das Schicksal ungezählter Seefahrer, deren Leichen oft an den Strand gespült wurden. Lange Zeit wurden sie einfach in der nächsten Düne verbuddelt. Erst 1855 wurde dieser kleine Friedhof angelegt: ein von einem Friesenwall geschützter Ort des Friedens mitten im Trubel der Stadt. *Käpt'n-Christiansen-Str./Elisabethstr. 20 Min. | a5*

SYLT-AQUARIUM

„Nordsee trifft Tropen" lautet der Slogan. Die bunte, tropische Meereswelt und die gar nicht grauen Bewohner der gar nicht so grauen Nordsee werden in 25 Aquarien anschaulich präsentiert. Die beiden größten Becken – die „Korallenwelt" und „Helgoland" – kannst du jeweils durch einen 10 m langen Tunnel aus Acrylglas unterqueren. Das Wasser kommt über eine Pipeline direkt aus der Nordsee, es gibt Schaufütterungen und viele Sonderaktionen. Im Aquariumsgebäude

Sie hat die Haare schön: „Reisende Riesin im Wind" am Bahnhofsvorplatz

und davor: das Restaurant *49er Aldente (tgl. | 49er-aldente.de | €)*, ein Spiel- und ein Minigolfplatz. *Tgl. 10–18 Uhr | 13,50 Euro, Kinder (4–15 Jahre) 10 Euro | Gaadt 33 | syltaquarium.de | 2 h | a6*

ESSEN & TRINKEN

SUSI'S SYLT-KANTINE

Supergünstig essen und auch frühstücken kannst du gleich hinterm Bahnhof bei Susanne Brammsen. Zusätzlich zur kleinen festen Karte gibt es eine Wochenkarte mit zwei einfachen

Gerichten pro Tag. *Mo–Fr 6–15, Sa 7–14 Uhr | Keitumer Chaussee 6 | Tel. 04651 4493799 | susis-sylt-kantine.de | € |* *b4*

HOTEL STADT HAMBURG

Zwei erstklassige Restaurants unter einem Hoteldach: Die Küche von Ulrich Person – eine der besten der Insel – wird in *Hardy's Bar & Restaurant (mittags geschl. | €€€)* serviert: Lammcarpaccio, Steinbutt, Stubenküken. Die Alternative zum Gourmetrestaurant ist das *Bistro (tgl. | €€)* – auch wegen der geschützten, sonnigen Terrasse: lichte, freundliche Räume in Sonnengelb, passend zur leichten internationalen Küche. *Strandstr. 2 | Tel. 04651 8580 | hotelstadthamburg.com |* *b4*

CAFÉ ORTH

Eine Inselinstitution: Wer hier noch nie auf der Veranda bei Pharisäer und einem Stück Torte saß, um die Vorbeiflanierenden fachmännisch zu kommentieren, der kennt Westerland nicht. Und drinnen ist es supergemütlich! *Tgl. 9–22 Uhr | Friedrichstr. 30 | Tel. 04651 72 12 | cafe-orth-sylt.de | € | a4*

SYLTER STADTGEFLÜSTER

Nicht bei Gosch halten, geh ein paar Schritte um die Ecke: Hier ist die Terrasse viel schöner und das Essen besser – tagsüber Flammkuchen oder Kalbsfrikadellen, abends Kabeljaufilet oder Lammkarree. *Mi-Mittag und Di geschl. | Boysenstr. 4 | Tel. 04651 9 95 55 91 | sylter-stadtgeflüster.de | €€ | b4–5*

DAS KÜNSTLER-CAFÉ

INSIDER-TIPP
Schöne Kombi: Küche und Kunst

Jung, frech, nett! In einer ruhigen Nebenstraße der Flaniermeile Friedrichstraße befriedigen Salate, Burger, Pizza, Pasta und hausgemachte Antipasti den Magen, Kunstwerke an den Wänden das Auge und Livegigs das Ohr. *Mittags geschl. | Boysenstr. 9 | Tel. 04651 9 57 50 00 | kuenstler-cafe-sylt.de | € | b5*

FRANZ GANSER

Elegante, intime Atmosphäre und sehr gute, von hochwertigen Produkten geprägte Küche im Herzen von Westerland. Bei diesem Spitzenkoch kommst du auch mal in den Genuss von Gerichten, die sonst eher selten zu finden sind, wie Kalbsbries oder -nierchen. *Di-Mittag und Mo geschl. | Bötticherstr. 2 | Tel. 04651 2 29 70 | ganser-sylt.de | €€€ | b5*

ALTES ZOLLHAUS

Hier geht es angenehm locker zu. Du musst nicht unbedingt die ambitionierte Bistroküche genießen, sondern kannst auch nur auf ein Glas Wein vorbeischauen. *Mittags und Mo geschl. | Boysenstr. 18 | Tel. 04651 44 94 43 | altes-zollhaus-sylt.de | €€€ | b5*

SEEKISTE

Ein echter Tipp für alle, die mal so richtig nordfriesisch schlemmen wollen. Vor gekachelten Wänden scheint das Licht der Messinglampen gemütlich auf Teller mit Miesmuscheln, Seezunge, Scholle. Sauerfleisch und Labskaus sind hausgemacht, dienstags ist Enten- und mittwochs Reibekuchentag. Superfreundlicher Service. *So und mittags geschl. | Käpt'n-Christiansen-Str. 9 | Tel. 04651 2 25 75 | seekiste-sylt.de | €€ | b5*

JÖRG MÜLLER

Jörg Müller ist seit 1983 *die* Kochinstitution der Insel. Das Konzept des gebürtigen Badeners: anspruchsvolle, vorwiegend regionale Küche – Klassiker sind beispielsweise die immer wieder anders kombinierten Seezungenfilets oder die Variationen vom Deichlamm – und erstklassige Weine in einem Rahmen, der ohne die Rituale der Sternegastronomie auskommt. Einsame Spitze sind auch die saisonalen Gerichte wie Rehfrikadellen, Skreifilets oder Schnepfe aus Sylter Jagd. *Mittags und Di, Nebenaison auch Mo geschl. | Süderstr. 8 | Tel. 04651 2 77 88 | hotel-joerg-mueller.de | €€€ | b5*

WEB CHRISTEL

Unter einem Reetdach kommt hier ganz entspannt und unkonventionell in friesisch-gemütlichem Ambiente solide regionale Küche auf den Tisch. Immer wieder gern genommen wird die halbe junge Ente oder der Steinbutt an der Gräte. *Mittags und Mi geschl. | Süderstr. 11 | Tel. 04651 2 29 00 | webchristel.de | €€€ | b5*

ALTE FRIESENSTUBE

Im ältesten Haus von Westerland macht man dich im historischen Ambiente mit friesischen Spezialitäten von der plattdeutschen Speisekarte bekannt: *Filet vun freelopen Schaap, Schull freesch von Lister Kutter* oder *Fleederbeersupp. Mittags und Mo geschl. | Gaadt 4 | Tel. 04651 12 28 | alte friesenstube.de | €€ | b5*

INSIDER-TIPP
So muss ein Kaffeehaus sein!

CAFÉ MATEIKA

Das passt zusammen: ein wirklich schnuckeliges Café, das sich zu Recht „traditionelles Kaffeehaus" nennt, in einem ebensolchen Jugendstilhaus. Opulentes Frühstücksangebot (bis 13 Uhr!), tolle Torten, gute Weine. Und wenn du wissen willst, wie großartig das *pain perdu aux framboises* schmeckt bzw. wissen willst, was das ist: hingehen! *Tgl. 9–18 Uhr | Bismarckstr. 13 | Tel. 04651 2 40 81 | mateika.de | € | a-b5*

BEACH HOUSE

Die Karte ist klein, aber überzeugend, der Meerblick sensationell. Der „Catch of the Day" kommt wirklich direkt vom Kutter, die Lieferanten der Steaks weideten in Schleswig-Holstein. *Tgl. | Käpt'n-Christiansen-Str. 41a (südl. Strandpromenade) | Tel. 04651 2 88 78 | beach house-sylt.de | €€€ | a5*

SHOPPEN

HOF-GALERIE

Werke von James Rizzi, Otto Waalkes, Otmar Alt u. a. in schönen Räumen in der Spielbank. Dazu „Likörelle" von Udo in der *Lindenberg-Lounge. Andreas-Nielsen-Str. 1 (Rathausplatz) | hof galerie-sylt.de | b4*

WOCHENMARKT

Wer im Sylturlaub selber kocht, sollte hier einkaufen: frische Produkte von der Insel, aber auch vom nordfriesischen Festland. *Sa (in der Saison auch Mi) 7–13 Uhr | Rathausvorplatz | b4*

ARMOR LUX

Schon Picasso liebte die quer gestreiften T-Shirts der bretonischen Marke. Im Syl-

Abendessen im ältesten Haus der Stadt – aber die Scholle kommt „freesch von Lister Kutter"

ter Shop ist alles konsequent in Weiß gehalten – aber natürlich mit blauen und roten Streifen. *Strandstr. 4* | *a4*

SYLTER SCHOKOLADENMANUFAKTUR

Gleich neben dem Café Wien verkaufen dessen Chocolatiers ihre sage und schreibe 300 Sorten cremig schmelzender Schokotafeln und viele andere süße Sachen. *Strandstr. 13* | *cafe-wien-sylt.de* | *a4*

TEEHAUS ERNST JANSSEN

Der beste Platz für gute Teemischungen und Friesentee. Die Bioteemischungen werden selbst produziert. Jeden Montag um 19 Uhr Teeseminar mit Verkostung *(Anmeldung Tel. 04651 29 98 11* | *12,50 Euro). Strandstr. 28* | *teehaus-janssen.de* | *a4*

KUNSTSUPERMARKT

Bezahlbarer gemalter Wandschmuck in großen und kleinen Formaten, als Aquarell, in Öl oder Acryl, von zum Teil guter künstlerischer Qualität. Passende Rahmen gibts auch dazu. *Elisabethstr. 1* | *kunstsupermarkt.de* | *a4*

BÜRSTENHAUS REDECKER

Man glaubt kaum, was es alles für Puschel, Wedel, Pinsel, Besen und Bürsten gibt! Sehr schick für die Jungs: Bartwichse, alles für den Hipsterbart, Nassrasierer vom Feinsten. Sensationell sind die Radiatorenbürsten in jeder denkbaren Ausführung. *Friedrichstr. 16* | *redecker.de* | *b4*

DRACHENHÖHLE

Hier bekommst du Kites und Drachen in allen Formen und Größen und für alle Schwierigkeitsgrade, dazu Wind- und andere Spiele. Wo auf der Insel du deine Flugobjekte steigen lassen kannst – denn das ist beileibe nicht überall erlaubt –, erfährst du hier auch gleich. *Friedrichstr. 6* | *drachenhoehle-sylt.de* | *b4*

SURF-EQUIPMENT

In einer Surferhochburg wie Westerland muss es natürlich Shops geben, die die Surfer und SUP-er mit allem Nötigen versorgen. Seit über 40 Jahren tut dies der *Surf Shop Sylt (b4 | Wilhelmstr. 5 | surfshop-sylt.de).* Andere Läden wie z. B. *Inselkind (b4 | Stephanstr.8 | inselkind.com),* wo du auch angesagte Beachwear kaufen kannst, sind noch nicht so lange dabei.

WEINHAUS SCHACHNER

Lass dich von der großspurig daherkommenden Werbung nicht täuschen: Die Weinauswahl in allen Preisklassen ist erstklassig, die Beratung kompetent und zuvorkommend. Dazu eine riesige Auswahl an Kulinarischem von Bonbons bis Pasta. Die *Vinothek (So geschl. | €)* gegenüber ist die ideale Location zur Weinprobe, gibt es hier doch eine feine „Brotzeitkarte": Flammkuchen, Parmaschinken, Antipasti, Käseteller. *Bismarckstr. 12 | weinsylt.de | a5*

INSIDER-TIPP
Auf die Unterlage kommt es an

STRÄNDE

Der knapp 6 km lange Strand bietet praktisch alles, auch (kostenpflichtiges) WLAN. Wer *insel-sylt.de/strandkoerbe-reservieren* eingibt, kann sich eine Strandanimation ansehen, auf der alle 18 Übergänge eingezeichnet und beschrieben sind. Beliebt ist der sogenannte *Funbeach (Juli/Aug. tgl. 12–18 Uhr Musikbeschallung)* für alle möglichen Ballspiele. Animation und Ausgabe der nötigen Utensilien an der Promenade, Höhe Sylter Welle. Der *Brandenburger Strand* ist der Surfspot der Insel. Vor und nach dem Wellenritt trifft sich die Szene im *Sunset Beach (tgl. 10–22 Uhr | Brandenburger Str. 15 | sunsetbeach.de | €)* oder im *Clubhaus vom Surfclub Sylt (surfclubsylt.de)* direkt am Strand. Oberhalb des Strands verläuft die *Promenade;* hier flaniert man, lauscht einem Kurkonzert in der Musikmuschel, liest die „Sylter Nachrichten" oder verausgabt sich bei einem Workout *(Termine bei der Touristinfo).*

WELLNESS

SYLTER WELLE

Freizeit- und Wellenbad mit Nordseewasser, Außenbecken, Kinderbecken, Whirlpool, Fitnessraum, Saunalandschaft mit Blockhaus-Panoramasauna und Sonnendeck, Thermalbad, zwei Bistros – und fast alles mit Blick auf die Nordsee! *Tgl. 10–22 Uhr | 4 Std. 10 Euro (ab 17 Uhr 8 Euro), mit Sauna 22 Euro (ab 17 Uhr 17,60 Euro), diverse Sondertarife | Strandstr. 32 | sylterwelle.de | a4*

SYLTNESS-CENTER

An die Sylter Welle angeschlossen ist diese 4500 m² große Wellnessoase mit Spa, Thalassotherapie, Kuranwendungen, Sportcenter, Leselounge und, und, und. Infos und Preise auf *syltness center.de. Dr.-Nicolas-Str. 3 | a4*

LANDHAUS SYLTER HAHN

Die angenehme, moderne Thalassotherme mit Schwimmbad und Sauna in diesem Hotel kann nach Anmeldung auch von externen Gästen besucht werden. Diverse Wellnesspakete sind im Angebot. *Robbenweg 3 | Tel. 04651 92 82 15 | sylter-hahn.de | b6*

AUSGEHEN & FEIERN

In keinem anderen Sylter Ort gibt es so viele Möglichkeiten, sich einen vergnügten Abend (oder eine ebensolche Nacht) zu machen: Bei hippen Cocktails und DJ-Musik läuft der Countdown zur Nacht im *American Bistro (tgl. 18–23 Uhr | b4 | Paulstr. 3 | Facebook: American Bistro Sylt).* 20- bis 30-Jährige fallen ab 22 Uhr in den *Zappelkeller (b4 | Paulstr. 3)* mit Black und House Music gleich nebenan. Ältere Semester laufen noch ein paar Meter zum *Classic Club (Fr/Sa ab 21 Uhr, in der Saison häufiger | b4 | Strandstr. 3–5 | classic-club-sylt.de)* mit Hits der Siebziger und Achtziger, Schlagerfans brauchen nur über die Straße in die *Wunderbar (Mo–Sa ab 21 Uhr | b4 | Paulstr. 6 | wunderbar-sylt.eu)* zu swingen, um dort ihre Textsicherheit beim Mitsingen zu beweisen.

CASINO SYLT

Hier müssen Flipflops und Shorts zu Hause bleiben! Im Westerländer Rathaus befindet sich Deutschlands nördlichste Spielbank mit Bar und Lounge. *Großes Spiel tgl. 19.30–2.30 (Nebensaison Mi–So 19.30–1) Uhr, Automatenspiel ab 11 Uhr | Eintritt 2 Euro | Andreas-Nielsen-Str. 1 | spielbank-sh.de | b4*

KINOWELT

In diesem modernen Kinocenter werden neue Filme nicht erst mit dreimo-

„Kurkonzert" in der „Musikmuschel": Zeitreise ins Adenauer-Deutschland

natiger Verspätung gezeigt. *Strandstr. 9 | kinowelt-sylt.de |* a4

IRISH PUB

Irischer Whiskey, Guinness, Kilkenny und Harp Lager bei irischer Folkmusik (teilweise live) und in passendem Ambiente. Im Sommer mit gemütlicher, beschirmter Terrasse. *Nov.–Ostern Mo geschl. | Paulstr. 11 |* a4

KLEIST CASINO (KC)

Gay-Nachtleben und „betreutes Trinken" seit über 50 Jahren. Auch Lesben und Heteros sind willkommen, nur graue Mäuse mag man nicht. *Tgl. ab 20 Uhr | Elisabethstr. 1a |* a4

FRITZ GIN BAR

Wohnzimmer-Atmosphäre: Neben einer gut bestückten Bar mit – genau: – einer tollen Ginauswahl (ca. 50 Sorten) gibt es auf zwei Ebenen auch Loungebereiche zum Chillen und ab und zu Livemusik. Eine Bar zum Wohlfühlen – und auch viele Sylter treffen sich hier. *Mi–So ab 20 Uhr | Böttcherstr. 3 | Facebook: fritzginbarsylt |* b5

INSIDER-TIPP
Ungezwungen und unkonventionell

Keine schnöde Abfüllanlage, sondern ein Kunst- und Kulturort: Quellenhaus der Sylt-Quelle

RANTUM

(📖 B12) **Rantum liegt an einer der schmalsten Stellen der Insel, nur rund 600 m trennen hier Wattenmeer und offene Nordsee.**

Dieser Luxus, in nur wenigen Schritten „die Seite wechseln" zu können, beschert Rantum treue Stammgäste. Sie gehören eher der naturverbundenen Fraktion an, denn so traumhaft die Natur hier ist, so ruhig geht es abends im Dorf zu. Im Sommer bestimmen die Gäste das Ortsbild, doch im Winter sind die knapp 500 Ew. weitgehend unter sich, denn die zahlreichen reetgedeckten Häuser gehören meist Zweitwohnungsbesitzern. Ein kleiner Supermarkt versorgt den Ort mit dem Nötigsten und einige Hotels machen es ihren Gästen – meist Kurzurlauber, die die Ruhe in der kalten Jahreszeit lieben – schön gemütlich.

Die Zeiten waren nicht immer so einfach. Bis ins 19. Jh. wurde das Dorf dank seiner exponierten Lage immer wieder von Sturmfluten heimgesucht und immer wieder wurden die ärmlichen Hütten von Sandverwehungen verschüttet. Die wenigen Bewohner, die Anfang des 19. Jhs. noch aushielten, zogen sich ganz an die Wattseite zurück, auf die sogenannte Raantem-Inge – hier liegt die Keimzelle des heutigen Dorfs. Rantums ereignisreiche Geschichte kannst du in der Saison auf einer *Dorfführung (Mai–Okt. an ausgewählten Montagen 10 Uhr | 8,50 Euro | Treff an der Touristinfo)* nacherleben.

SIGHTSEEING

SYLT-QUELLE

Auf dem Weg zum Rantumer Hafen liegen die Gebäude der Sylt-Quelle: Das 4,5 km südlich bei Samoa entspringende Sylter Mineralwasser wird per Pipeline hierhergeleitet und abgefüllt. Nicht nur die Architektur, auch das Kulturprogramm ist ansehnlich, findet hier in der Eventhalle doch alljährlich von Mitte Juli bis Anfang September das Meerkabarett *(meerkabarett.de)* statt: Künstler wie Jan-Josef Liefers, Thomas Quasthoff, Matthias Brandt, Alfons oder Piet Klocke garantieren erstklassiges Entertainment. Das 16-eckige Quellenhaus *(raum-am-meer.de)* dient als Eventlocation und Raum für Ausstellungen und Lesungen. *sylt-quelle.de*

ESSEN & TRINKEN

DE LÜX CURRY

Das passt gut zu Sylt: ein Edelimbiss mit feinem Fast Food! Von der Gourmet-Currywurst mit Süßkartoffelpommes wird man locker satt. Noch mehr Lüxusgefühl verschaffen das Dry Aged Beef und ein Gläschen Schampus. *Tgl. 12–19 Uhr | Hafenstr. 4 | deluexcurrysylt.de | €*

DER PATE

Don Vito heißt in diesem Fall Rèda Ferhat und residiert in exponierter Lage am Ortseingang. Auf der Karte steht alles, was bei Corleones so auf den Tisch kommt, z. B. Pizza aus dem Holzofen und Hähnchen vom Holzkohlegrill. Terrasse und Garten mit Strandkörben. *Mittags und So, Sept.–Juni auch Mo geschl. | Hörnumer Str. 5 | Tel. 04651 9 57 60 00 | derpate-sylt.de | €–€€€*

SÖL'RING HOF

Johannes King, Sylts bekanntester Koch (zwei Michelinsterne), zelebriert in seiner offenen Küche feine klassische Küche mit Schwerpunkt auf Produkten, die es „vor der Haustür" gibt, wie King sagt. Er hat einen eigenen Gemüsegarten, ist Mitbetreiber eines Fischkutters und führender Kopf von feinheimisch.de, einer Genießerplattform für regionale Ess- und Kochkultur. Das elegante Restaurant bildet mit einer Luxusherberge für nur 30 Personen ein reetgedecktes Ensemble mit Nordseeblick mitten in den Dünen. Sehr zeitig reservieren! *Mittags sowie Mi und So geschl. | Am Sandwall 1 | Tel. 04651 83 62 00 | soelring-hof.de | €€€*

COAST

Das Coast präsentiert sich als Restaurant und Weinbar schick und modern, aber ganz und gar unprätentiös. Sehr zu empfehlen sind neben den Steaks das Kalbstatar mit Ziegenquark als Vorspeise und der turmhohe „Coast-Burger". Und warum „Weinbar"? Wegen der 300 Weine und z. B. der 35 Gins. Frühstück ab 9 Uhr (auch auf der Terrasse), Abendkarte ab 17 Uhr. *Di geschl. | Stiindeelke 2 | Tel. 04651 15 51 | restaurant-coast.de | €€*

Johannes King in Aktion: der umweltbewusste Chefkoch im Söl'ring Hof

HUS IN LEE
Drinnen rustikal, draußen ein herrlicher großer Garten, dazwischen ein lauschiger Wintergarten: In den 1980er-Jahren hat Alexander Blume eine echte Institution etabliert. Der freundliche Service serviert gute Qualität vom Kuchen bis zur Kutterscholle. *Okt.–März Mi geschl. | Hörnumer Str. 26 | Tel. 04651 2 15 89 | hus-in-lee.de | €€*

TADJEM DEEL
Man glaubt nicht, auf Sylt zu sein. In dieser Holzbude versucht man es zum Glück gar nicht erst mit Schickimicki. Reelle Küche und ebensolche Preise. Ein Klassiker auf der Karte ist das Meeräschenfilet mit rotem Zwiebelkompott. *Ostern–Okt. tgl. | Hörnumer Str. 60 | Strandübergang Tadjem Deel | Tel. 04651 2 31 61 | €–€€*

SAMOA SEEPFERDCHEN
Samoa statt Sansibar? „Aber unbedingt!", sagen viele – nicht nur wegen des höheren Chillfaktors oder der super Aussicht aufs Meer, sondern auch wegen der guten Nordseeküche mit Weltmeerpep wie z. B. bei *penne all'arrabiata* mit Gambas. *Tgl. | Hörnumer Str. 70, Strandübergang Samoa | Tel. 04651 55 79 | samoa-seepferdchen.de | €€*

SANSIBAR ★
Herbert Secklers Gourmethütte in den Dünen ist seit über 40 Jahren in aller Munde. Hier feiert regelmäßig nicht nur die Prominenz. Immer freundlicher Service, gute Portionen, sensationeller Weinkeller und ein erstklassiges Preis-Leistungs-Verhältnis. Frühstücksbrunch ab 10.30 Uhr, die Abendkarte kannst du dir täglich ab 18 Uhr downloaden. Unbedingt reservieren! *Tgl. | Hörnumer Str. 80, Strandübergang Sansibar | Tel. 04651 96 46 46 | sansibar.de | €€–€€€*

SHOPPEN

SANSIBAR DEPOT
Längst hat sich um die Kulthütte ein reges Merchandising entwickelt, mit Fanartikeln von Olivenöl über Boxershorts bis zum Fahrrad. Einiges kann man im Depot käuflich erwerben. Direkt daneben gibt es im *Sansibar Outlet (Nr. 6)* viele Artikel für die Hälfte. *Hafenstr. 8*

HAFEN
Am Rantumer Hafen duftet es ca. dreimal pro Woche nach Räucherfisch: Dann wird nämlich im *Hafenkiosk 24 (tgl. 11–18 Uhr)* geräuchert, die Leute stehen Schlange und auf den Bänken und an den Stehtischen vor dem Imbisskiosk findest du kaum noch ein Plätzchen. Nebenan, im *Sylter Trading Kontor (sylter-trading.de)* können die Fischkonsumenten dann ihren Verteiler kaufen – und probieren –, denn hier gibts exquisite Whiskys, Rums, Gins und Liköre.

KAFFEERÖSTEREI SYLT
Direkt neben dem Segelverein hat sich der Sylter Christian Appel seinen Traum verwirklicht: Kaffee „mit der Hand" zu machen. Die aromatischen Erzeugnisse seiner Kaffeerösterei (geröstet wird mehrmals in der Woche) kannst du im Shop erwerben und im

Wasser und Wolken, Wind und Watt: Naturidylle am Rantumbecken

kleinen *Café* zusammen mit hausgebackenem Kuchen probieren. Im Sommer geht das auch im Kaffeegarten mit herrlichem Blick aufs Rantumbecken – Ferngläser liegen bereit! *Hafenstr. 9 | kaffeeroesterei-sylt.com*

INSIDER-TIPP
Kaffee mit Weitblick

für Hundebesitzer; FKK-Freunde gehen am Übergang *Samoa* an den Strand und, nachdem sie sich wieder was angezogen haben, ins Seepferdchen zum Essen. Bildschön ist der Übergang zum Strand oben auf der Düne (Aussichtsplattform!) beim Bistro Strandmuschel.

SPORT & SPASS

MINIGOLF RANTUM

Gemütlich, ganzjährig, kindgerecht, nicht so überlaufen. *Tgl. 11–18/19 Uhr | 3 Euro, Kinder 2 Euro | Hafenstr. 12*

STRÄNDE

14 Strandübergänge, verteilt auf 8 km Strandlänge. Es gibt vier Abschnitte

WELLNESS

An den Übergängen Campingplatz und Samoa kannst du dich in der *Strandsauna Rantum (Mai–Okt. tgl. 11–17/18 Uhr | 18,50 Euro | strandsauna.de)* oder der *Strandsauna Samoa (April–Okt. Mo–Do 12–18/19, Fr–So 13–17 Uhr | 18 Euro | strandsauna-samoa.de)* dem Doppelvergnügen von Schwitzen und Schwimmen hingeben.

RUND UM RANTUM

3 RANTUMBECKEN ★

2 km bis zum südöstlichen Ende nördlich von Rantum/knapp 10 Min. mit dem Rad

Die wenig schönen ehemaligen Kasernengebäude am Ortseingang, in denen heute Jugend- und Erholungsheime mit 1200 Betten untergebracht sind, waren in den 1930er-Jahren Teil eines Fliegerhorsts. Um ideale Landebedingungen für die Wasserflugzeuge zu schaffen, hatte man die Steidumbucht eingedeicht. Das so entstandene Rantumbecken wurde 1962 unter Schutz gestellt und ist zusammen mit dem angrenzenden Wattenmeer Brutgebiet und Rastplatz für viele (Zug-)Vögel – und ein Lieblingsplatz für alle Ornithologen. Regelmäßige Führungen unter dem Namen „Vogelkiek" bietet der Verein Jordsand *(jordsand.de)* an.

Eine Tour zu Fuß oder mit dem Rad auf dem 9 km langen Deich ist ein stilles Erlebnis: Du vernimmst nur das Rufen der Vögel und das Blöken der Schafe unter einem unendlichen Himmel, der hier doppelt so groß scheint, weil er sich im Watt spiegeln kann. *B-C11*

INSIDER-TIPP **Natur – sonst nichts**

4 EIDUM-VOGELKOJE

4 km nördlich von Rantum/15 Min. mit dem Rad

Die großartig restaurierte Entenfanganlage am nordwestlichen Ende des Rantumbeckens war bis 1934 in Betrieb. Durch ein großes Fenster im Infozentrum kannst du Vögel auf dem Kojenteich beobachten. Wenn gerade keine rumschwimmen, macht das auch nichts: In Dioramen sind über 50 Vogelarten von ganz nah zu betrachten. Ein verwunschener Bohlenweg führt durch die gesamte, dicht bewachsene Anlage, überall zirpt und zwitschert es. *Mitte Mai–Mitte Okt. Mo 10–12, Di und Do 14–18, Mi und Fr 16–18, Sa 11–13 Uhr | Eintritt frei | Führungen in Gruppen im Rahmen der Öffnungszeiten n. V. mit dem Hegering Sylt (Birgit Hussel, Tel. 0171 2 16 78 87) | 1 ½ h B10*

INSIDER-TIPP **Im friesischen Dschungel**

HÖRNUM

(A-B17) **Das Schönste an Hörnum (950 Ew.), der südlichsten Sylter Gemeinde, ist die Natur drum herum.**

Düneneinsamkeit und kilometerlanger Strand an der Westseite wie auch am Wattenmeer suchen ihresgleichen. Da sieht man dem kleinen Ort seinen eigenwilligen Charme, den er seiner Militärgeschichte verdankt, gerne nach. Hörnum war nämlich im Dritten Reich Seefliegerhorst – die ehemaligen Kasernen am Ortseingang sind der bauliche Rest dieser Geschichte. Sie werden heute als Ferienheime und Jugendherberge genutzt.

Mittelpunkt des Orts ist der quirlige Hafen, von dem die Ausflugsschiffe

starten und wo du in der Fangsaison Krabben frisch vom Kutter kaufen kannst. Das Hafenbecken hat übrigens eine wohl einmalige Attraktion: Kegelrobbe Willi ist der mühevollen Jagd nach Frischfisch offenbar überdrüssig geworden und lässt sich mit Matjes und Krabben füttern – und das schon seit 1991. Bedenkt man, dass Kegelrobben etwa 30 Jahre alt werden, solltest du Willi demnächst vielleicht noch mal einen Besuch abstatten ... Willi schwimmt übrigens unter falscher Flagge: „Er" ist ein Weibchen.
Hörnum ist ein familienfreundlicher Ort und hat alles, was Selbstversorger so brauchen: einen Supermarkt, ein Fischgeschäft, eine Bäckerei mit Café. Und Hörnum hat ordentlich aufgerüstet – in wenigen Jahren wird man die Ortschaft nicht mehr wiedererkennen. Der einmalig schöne Golfplatz Budersand samt zugehörigem Luxushotel machte den Anfang, eine breite Promenade an der Wattseite folgte. Ein ansprechend gestalteter Ferienwohnungskomplex, neue Hotels und hübsche Häuschen mit Wohnungen für Sylter Bürger komplettieren einstweilen das neue Bild. Und nun ist der Hafen dran, das Hafengelände wird ganz und gar umgestaltet werden. Der abgesegnete Entwurf sieht schon toll aus, doch nun streitet sich die Politik über das Wann und das Wie viel ...

SIGHTSEEING

ARCHE & SCHUTZSTATION WATTENMEER

Naturinformationszentrum in zwei Gebäuden: In der Holzbaracke aus den 1930er-Jahren, an der auch alle Exkursionen, Wattführungen etc. starten, sind besonders die Meerwasseraquarien interessant. Nahebei entstand in der profanierten Kirche St. Josef mit der Arche das größte Nationalpark-Infozentrum an der deutschen Nordseeküste. Auf zwei Etagen widmet sich die kindgerechte Ausstellung in erster Linie der offenen Nordsee – mit Dioramen, Aquarien und „Touch Pool". *April–Okt. Di–So 10–18 Uhr (Winteröffnungszeiten und alle Termine s. Website) | 5 Euro, Kinder 3 Euro, bei Veranstaltungen zzgl. 1 Euro/50 Cent | Rantumer Str. 27 und 33 | schutzstation-wattenmeer.de, arche-wattenmeer.de | 1–2 h*

INSIDER-TIPP
Tauchschein nicht nötig!

ESSEN & TRINKEN

STRÆND

Supercooles Bistro hinter hässlicher Fassade auf einer Düne neben dem Campingplatz. Fish & Chips, Burger, Pasta und verschiedene Bowls. Terrasse ohne Meerblick, aber über die Düne gleich gegenüber führt eine Treppe zum Weststrand. *Di geschl. | Am Campingplatz 3 | Tel. 04651 9 36 43 33 | straend-sylt.de | €*

BREIZH

Breizh ist der bretonische Name der Bretagne und entsprechende Gerichte finden sich denn auch auf der Karte dieses lichtdurchfluteten Bistros in den Dünen: von Austern (die allerdings natürlich aus List) über *galettes* (herzhafte Variante der Crêpes) bis zur

Käseauswahl. Der Zugang ist auch vom Strand aus möglich. *Tgl. | Strandweg | Tel. 04651 4 60 81 88 | €€*

CAFÉ LUND

Das Café im Süden der Insel – neu gestaltet im Design der 1950er-Jahre. Hausgemachtes Eis und tolles Frühstück! Das dazugehörige Restaurant besorgt sich seine Produkte – vom Matjes bis zum Rumpsteak – so gut wie ausschließlich aus Schleswig-Holstein. *Do–Di 12–19 (Frühstück 9–11) Uhr | Rantumer Str. 1–3 | Tel. 04651 88 10 34 | cafe-lund.de | €€*

DOCK 2

Im unkonventionellen Bistro des Designhotels 54° Nord in der Ortsmitte gibts viel für den kleinen Hunger: Burger, Pulled-Pork-Hotdogs, Flammkuchen, Ziegen- und Schafskäse überbacken. *Im Winter Di/Mi geschl. | Strandstr. 2 | Tel. 04651 44 91 70 | hotel54gradnord.de | €*

SYLTER MUSCHELN BISTRO

INSIDER-TIPP
Delikatessen in Schalen

Frischer gehts wirklich nicht, schließlich kommen die Miesmuscheln doch von den Hörnumer Muschelbänken. Wenn du keine Lust hast, sie in der Ferienwohnung zuzubereiten, isst du sie gleich hier in der Holzhütte am Hafen: klassisch in Weißweinsud oder in Teig gebacken. *April–Okt. tgl. 11–18 Uhr | Am Hafenkai | €*

KAI 3

Steinbutt mit Quitte und Entenleber? Miesmuschelvelouté mit Chorizo?

Rehrücken mit Mango? Taubenbrust mit Schmorbanane? Das nennt sich „Nordic Fusion" und ist das Motto im Restaurant des Hotels Budersand. Sternekoch Felix Gabel sorgt so dafür, dass du was richtig Gutes auf dieselbe bekommst. *Mittags und Mi/Do geschl. | Am Kai 3 | budersand.de | Tel. 04651 4 60 70 | €€€*

STRÖNHOLT

Über dem Golfplatz thront der markante Bau, für den Klinkersteine der abgerissenen Hörnumer Kasernengebäude verwendet wurden. Von der Kaffeetafel bis zur erstklassigen, regional inspirierten Bistroküche ist hier alles ein Genuss – bei bester Aussicht von jedem Platz. *Di geschl. | Fernsicht 1 | Tel. 04651 4 49 27 27 | stroenholt.de | €€*

STRÄNDE

Über 7 km feiner Sandstrand. Am *Weststrand* südlich der Haupttreppe liegen die FKK-Strände, ein Stück in Richtung Norden kommt man zum Hundestrand. Der relativ geschützte Oststrand ist super für Segler, SUPer, Kite- und Windsurfer, die ihren Stütz- und Treffpunkt am Ende der Promenade bei *Südkap-Surfing (suedkap-surfing.de)* haben.

WELLNESS

DÜÜN BAD & SPA

Der großzügige Wellnessbereich des Hapimag-Resorts mit mehreren Saunen, Hamam, Innen- und Außenpool steht auch externen Gästen offen. *Tgl. 10.30–21 Uhr | Schwimmbad 9 Euro, Wellnessbereich 29 Euro | Rantumer Str. 23a*

STRANDSAUNA HÖRNUM

Nach dem Schwitzen ab in die offene Nordsee! *Tgl. 12–18 Uhr | 20 Euro | am Weststrand (FKK-Strand) | Tel. 04651 88 03 00 | strandsauna-sylt.com*

AUSGEHEN & FEIERN

CLUB 23

In „Sylts südlichstem Partylokal" – so die Eigenwerbung – trifft sich die Jugend von 18 bis 80, trinkt Bier, Wein, Cocktails oder Longdrinks, raucht und klönt. Regelmäßig legen DJs auf. *Di–Sa ab 20.30 Uhr | Rantumer Str. 23 | club23-sylt.de*

RUND UM HÖRNUM

Wer genügend Zeit hat, sollte unbedingt eine Schiffstour (in der Saison täglich) auf eine der beiden großen Nachbarinseln Föhr und Amrum oder auf die Hallig Hooge unternehmen. Die Aufenthaltsdauer auf Föhr beträgt knapp vier, auf Amrum dreieinhalb bis viereinhalb, auf Hooge gut zwei Stunden. Der Katamaran „Adler Cat" düst auch nach Helgoland (drei Stunden Aufenthalt). Auskunft und Tickets bei *Adler-Schiffe (Boysenstr. 13 | Westerland | Tel. 04651 9 87 08 88 | adler-schiffe.de)* oder direkt im Kiosk am Hörnumer Hafen.

5 HÖRNUM-ODDE

1,5 km südlich von Hörnum/20 Min. zu Fuß pro Strecke

Das südliche Inselende musst du unbedingt mal umwandern, liefert es doch das eindrucksvollste Beispiel für den Landverlust, der Sylt bedroht: Noch Mitte der 1990er-Jahre benötigte man gut drei Stunden zur Umrundung der Odde, heute schafft man das locker in kaum einer Stunde. Übrigens: Solltest du beim Spaziergang ins Grübeln kommen, welche Inseln du da eigentlich schräg voraus siehst, dann wende einfach die „Ralf"-Regel an: rechts Amrum, links Föhr. Führungen der Schutzstation Wattenmeer sind sehr informativ. Schön ist der 1907 errichtete *Leuchtturm (Führungen Mo, Mi, Do 9, 10, 11, 12 Uhr | Mindestalter 8 Jahre | Karten (6 Euro) rechtzeitig reservieren beim Tourismus-Service, Tel. 04651 962 60)*, den man auch virtuell besteigen kann: *hoernum.de* B17–18

6 FÖHR

2 ½ Std. von Hörnum mit dem Ausflugsschiff

Da Föhr mit 82 km^2 Fläche ziemlich groß ist, musst du dich beschränken. Das fällt insofern leicht, als *Wyk* – Hauptort und Hafen – ein freundliches Städtchen ist. Hier geht alles gemütlicher als auf Sylt zu. Die Fußgängerzone und die Promenade *Sandwall* liegen nicht weit vom Anleger. Sie sind gesäumt von netten Cafés und Res-

Hörnums Strand zieht sich hinunter bis zur Inselspitze, der Hörnum-Odde taurants. Hast du hier einen Platz ergattert, kannst du schlemmen und schauen, denn das Wyker Strandleben findet gleich vor der Tür statt.

Interessierst du dich für (Heimat-)Geschichte oder die Tierwelt der Inseln, musst du unbedingt einen Blick ins gar nicht verstaubte *Friesenmuseum (Mitte März–Okt. Di–So 10–17, Juli/Aug. auch Mo, Nov.–Mitte März 14–17 Uhr | 4,80 Euro | Rebbelstieg 34 | friesen-museum.de | 2 h)* werfen. Oder ist eher die Kunst dein Ding? Dann ab ins zwölf Busminuten vom Wyker Hafen entfernte *Alkersum* und dort ins *Museum Kunst der Westküste (März–Okt. Di–So 10–17, Nov.–Anfang Jan. 12–17 Uhr | 8 Euro | Hauptstr. 1 | mkdw.de | 2 ½ h)* mit einer beeindruckenden Sammlung nordeuropäischer Malerei von ca. 1830 bis ca. 1930 zum Thema Meer und Küste und wechselnden Ausstellungen. Im museumseigenen *Gretjens Gasthof* gibts nach dem Kulturgenuss auch was zu futtern.

INSIDER-TIPP
Die Nordsee in Öl

Wer Trubel liebt, sollte sonntags nach Föhr fahren, dann ist am Hafen Fischmarkt. Wer eher die Beschaulichkeit sucht, erkundet die nach wie vor ländlich geprägte Insel. *Nieblum* 6 km westlich von Wyk ist mit seinen vielen alten Häusern und dem „Friesendom" *St. Johannis* aus dem 13. Jh. wohl das schönste der elf Inseldörfer. Wer über *Oevenum* nach *Oldsum* oder *Süderende* fährt, entdeckt zum Teil bilderbuchschöne friesische Dörfer, die sich noch viel von ihrer Ursprünglichkeit bewahrt haben. Auf der grünen Insel Föhr gibt es Badestrände nur im Süden und Südwesten, in Wyk, Nieblum und Utersum. *foehr.de* 0

7 AMRUM

45–90 Min. von Hörnum mit dem Ausflugsschiff

Wittdün ist Haupt- und Hafenort. Hier solltest du keine Zeit vergeuden, sondern gleich in einen der am Anleger bereitstehenden Busse steigen, die dich nach Norddorf und Nebel bringen. Das etwa 30 km² große Amrum eignet sich wunderbar für eine Inseltour per Rad (mitnehmen oder in Wittdün mieten). Auf netten, gut ausgeschilderten Fahrradwegen kommst du über Steenodde nach *Nebel*. Dieser bildhübsche Ort ist so was wie die Kleinausgabe von Keitum. Vor der weißen *St.-Clemens-Kirche* stehen beeindruckende Kapitänsgrabsteine, in der alten Windmühle befindet sich das *Heimatmuseum* und das *Öömrang Hüs* zeigt friesische Wohnkultur. Knapp 4 km weiter liegt das gemütliche *Norddorf* mit einer freundlichen Einkaufsstraße. Der an manchen Stellen fast 1500 m breite Weststrand *Kniepsand* hat hier Normalmaß: nur wenige Schritte und du bist am Meer. Der Rückweg durch den westlichen Waldgürtel führt am 66 m hohen *Leuchtturm (Mitte April–Okt. Mo–Fr 8.30–12.30, Mi bis 14 Uhr | 5 Euro)* vorbei. Nach knapp 20 km bist du wieder in Wittdün. *amrum.de* 0

8 HALLIG HOOGE

80 Min. von Hörnum mit dem Ausflugsschiff

Erwarte bloß keine Halligromantik! Teepunsch trinkende Friesen mit einem freundlichen „Moin" auf den Lippen, Lämmchen zum Knuddeln und Inseleinsamkeit – das war einmal. Wenigstens in der Hochsaison – denn in der werden rund 1000 Gäste pro Tag (!) am Fähranleger ausgespuckt, die das kleine Eiland förmlich überschwemmen.

Trotzdem kann der Besuch ein Erlebnis werden. Da sind zuerst die Pferdekutschenbetreiber, die dich am liebsten alle auf ihren Wagen zur Halligrundtour aufladen würden. Dann der Parcours durch den Dschungel der Leihräder und anschließend das Bermudadreieck aus Hans-, Backens- und Kirchwarft, in dem der Fremdenverkehr absonderliche Blüten treibt. Hast du das alles durchlaufen, ohne größeren Schaden zu nehmen, wirst du Hooge mögen: verstreute Warften (Wohnhügel, da bei Sturmflut das Wasser sonst in die Häuser dringen würde), verbunden durch eine kleine Straße, weidende Kühe und Pferde, ein kleiner Hafen und rundherum ein Deich, auf dem du die Hallig auf einer ca. dreistündigen „Tour de Natur" umwandern kannst.

Eine „Tour de Kultur" ist auf der Hanswarft möglich: *Königspesel, Heimatmuseum, Sturmflutkino* und die *Schutzstation Wattenmeer* zeigen eindrücklich, was es bedeutet, auf einem so ausgesetzten Stück Land zu leben. *hooge.de* *0*

Der ÖPNV auf Hooge ist emissionsfrei – sieht man von Pferdeäpfeln ab

ERLEBNIS TOUREN

Lust, die Besonderheiten der Region zu entdecken? Dann sind die Erlebnistouren genau das Richtige für dich! Ganz einfach wird es mit der MARCO POLO Touren-App: Die Tour über den QR-Code aufs Smartphone laden – und auch offline die perfekte Orientierung haben.

1 SYLT PERFEKT IM ÜBERBLICK

- Highlight Rotes Kliff – spektakulärer Blick von oben
- Berge aus Sand: die Wanderdünen im Listland
- Schauen und schlemmen im Kultlokal in den Dünen

Westerland

Westerland

6–8 Stunden

Strecke: rund 95 km
reine Fahrzeit ca. 2 Std.

Wer nicht mit dem eigenen Auto auf der Insel ist, mietet eines für die Tour. Ein Kleinwagen (Benziner) kostet je nach Saison 35–60 Euro, ein E-Auto 55–70 Euro. Die Reichweite des kleinen E-Autos reicht locker für die Tour, ohne nachladen zu müssen.

Ein, nun ja, Leuchttürmchen in den Dünen: Quermarkenfeuer Rotes Kliff bei Kampen:

Los geht es natürlich in Sylts „Metropole" ❶ Westerland ➤ S. 74, wo du z. B. bei Syltcar ➤ S. 112 ein E-Auto oder ein mit Benzin betriebenes mieten kannst. *Damit fährst du dann auf der Norderstraße, vorbei an der Nordseeklinik, aus der Stadt heraus.* Unmittelbar hinter dem Nordwäldchen stehen schon die ersten Häuser des familiären Badeorts ❷ Wenningstedt ➤ S. 54. Sehr hübsch sind der idyllische Dorfteich und drum herum der alte Ortskern mit einigen schönen Friesenhäusern. In Wenningstedt beginnt das wunderschöne ❸ Rote Kliff ➤ S. 57, das bis nach Kampen den Strand überragt. Halt hier mal an, *geh ein Stück Richtung Küste* und genieß den Blick am Kliff entlang nach Norden und natürlich den aufs Meer.

❶ Westerland
4 km 5 Min.
❷ Wenningstedt
1 km 10 Min.
❸ Rotes Kliff
4 km 10 Min.
❹ Kampen
1 km 2 Min.
❺ Kupferkanne
9 km 10 Min.

KAFFEE UND KUCHEN MIT WATTBLICK

Wenn du ❹ Kampen ➤ S. 48 erreicht hast, kannst du dir selbst ein Bild machen vom viel beschriebenen Dorf der Reichen und Prominenten. Die schönsten Ecken Kampens liegen zur Wattseite hin. Dort, *ganz am Ostrand des Orts,* ist auch ein Stopp in der ❺ Kupferkanne ➤ S. 53 Pflicht: Zu Kaffee und Kuchen oder einem Snack ist der phantastische Wattblick die preiswerte Zugabe.

1

❻ Wanderdünen

8 km 10 Min.

❼ Hafen von List

13 km 25 Min.

Über den vielleicht schönsten Straßenabschnitt der Insel, vorbei an der Vogelkoje, kommst du nun ins Gebiet der imposanten Lister ❻ **Wanderdünen** ➤ S. 43 – *folg nicht der Hauptstraße, sondern halb links der Beschilderung „Weststrand/Ellenbogen"; wo es dann ca. 3 km weiter links zum Ellenbogen geht, bleibst du auf der Hauptstraße.* An der Königshafen genannten Bucht vorbei, die als Vogelschutzgebiet zum Nationalpark Wattenmeer gehört, erreichst du dann den ❼ **Hafen von List**, der sich längst zur Shopping- und Eventmeile gemausert hat. Hier ist Gelegenheit für einen Imbiss in Form eines saftigen Fischbrötchens.

An der Blidselbucht auf der Wattseite entlang fährst du nun wieder zurück bis zur Hauptstraße. Bis nach Kampen ist die Straße dann dieselbe wie auf dem Hinweg – aber das macht überhaupt nichts, denn der Blick in Fahrtrichtung Süden auf Keitum – unverkennbar die Silhouette der St.-Severin-Kirche – und weiter bis zum Morsum-Kliff ist einfach traumhaft! Von der Mitte Kampens führt die Route – *du bleibst immer an der Wattseite* – zunächst zum ⑧ Naturschutzgebiet Braderuper Heide ➤ S. 60. Halt an und geh ein Stück durch diese stille Landschaft! *Kurz danach erreichst du Munkmarsch* mit seinem kleinen ⑨ Yachthafen und Surfspot, zu dem du *links abbiegen musst (ausgeschildert).*

SPAZIERGANG DURCHS SCHÖNSTE INSELDORF

Vorbei an Sylts bekanntester Kirche, ⑩ St. Severin ➤ S. 65, in die du unbedingt einen Blick werfen solltest, kommst du nun nach ⑪ Keitum ➤ S. 62. Das ehemalige Dorf der Kapitäne mit seinen schnuckeligen Friesenhäusern ist zweifelsohne Sylts schönster Ort; einen Spaziergang durch das Dorf beschreibt die Erlebnistour 4. *Du parkst am Ortseingang, genau gegenüber der Kirche,* und besuchst am Ende des Dorfbummels Johannes Kings Genuss-Shop ➤ S. 65 auf ein Getränk. Oder du erwirbst eine der hier angebotenen Delikatessen – sie sind allesamt vorzüglich.

IN DEN SÜDEN, WO DIE INSEL IMMER SCHMALER WIRD

Danach geht es weiter: *Am Südwestrand von Keitum überquerst du die Bahngleise, biegst dann rechts ab in den Siidik und fährst durch Wiesen- und Marschland, bis du nahe dem südlichen Ende von Westerland wieder auf die Hauptstraße stößt. Wenige Hundert Meter später biegst du beim Schild „Eidum-Vogelkoje" links ab:* Hier informiert das Infozentrum der ⑫ Eidum-Vogelkoje ➤ S. 89 über die Vielfalt der Natur an dieser Stelle und ein kleiner Spaziergang, teilweise auf Bohlenwegen, durchs Kojenwäldchen tut gut. Auf der Weiterfahrt, *nun immer am Dünengürtel entlang,* zur Südspitze folgen Sylts schmalste Stellen und die kultige ⑬ Sansibar ➤ S. 87. Falls der Parkplatz nicht allzu voll

⑧ Naturschutzgebiet Braderuper Heide
5 km 30 Min.
⑨ Yachthafen
3 km 5 Min.
⑩ St. Severin
1 km 5 Min.
⑪ Keitum
9 km 45 Min.
⑫ Eidum-Vogelkoje
9 km 2 Std.
⑬ Sansibar

7 km 15 Min.

ist, legst du hier eine kulinarische Pause ein, dann kannst auch du sagen: Kenn ich, bin ich schon gewesen.

ALLES NEU, ALLES SCHICK

⑭ Hörnum

2 km 30 Min.

Schließlich erreichst du ⑭ Hörnum ➤ S. 89 mit dem alles überragenden rot-weißen Leuchtturm. Der Ort hat zuletzt mit neuen Hotels, Restaurants, einem wunderbaren Golfplatz und einer neuen Promenade einen Modernisierungsschub erfahren und wartet nun auf die längst fällige Sanierung seines hübschen Hafens. Auf dem Kai kannst du dir frische Krabben oder Miesmuscheln fürs Abendessen besorgen, nachdem du deine Inseltour mit einem Strandspaziergang zur ⑮ Hörnum-Odde ➤ S. 93, Sylts Südspitze, abgeschlossen hast. Von hier hast du einen herrlichen Blick auf die Nachbarinseln Föhr und Amrum. *Zurück nach* ① Westerland *geht es dann auf der schon bekannten Strecke.*

INSIDER-TIPP
Aus der Schale auf den Teller

⑮ Hörnum-Odde

19 km 40 Min.

① Westerland

❷ NATUR PUR ZWISCHEN STRAND UND WATT

- ➤ Traumhafte Aussicht von Sylts höchstem Punkt
- ➤ Ein Blick auf einige von Deutschlands teuersten Häusern
- ➤ Einzigartiges Naturschutzgebiet direkt überm Meer

Start: Berthin-Bleeg-Straße	Ziel: Berthin-Bleeg-Straße
4–5 Stunden	Strecke: 13 km reine Gehzeit rund 3 Std.

Die Wege sind überall ausgeschildert, auch am Wattenmeer und in der Heide, und es gibt immer wieder Bänke zum Ausruhen.

① Berthin-Bleeg-Straße

2200 m 35 Min.

Ausgangspunkt ist der Strandübergang ① Berthin-Bleeg-Straße in Wenningstedt. *Hier hältst du dich nordwärts und nimmst den Wanderweg durch die Dünen.* Auf der Höhe des Strandrestaurants – mittlerweile läufst du direkt auf der Abbruchkante des Roten Kliffs –

hast du einen herrlichen Blick über den Strand knapp 30 m unter dir. Bald ist der Weg versperrt. *Hier biegst du rechts in die Dünen ein* und wirst direkt zur höchsten Erhebung der Insel geführt, der ❷ Uwe-Düne ➤ S. 50. Von hier oben genießt man bei guter Sicht einen traumhaften Blick über den ganzen Nordteil der Insel.

❷ Uwe-Düne

1100 m 15 Min.

DURCH DIE KAMPENER HEIDE

Von der Düne führt ein Fußweg durch die Kampener Heide weiter nordwärts. So erreichst du die Sturmhaube und *läufst über die Parkplätze weiter* in Richtung des berühmten ❸ Hauses Kliffende (privat). In den Zwan-

❸ Haus Kliffende

ziger- und Dreißigerjahren des 20. Jhs. erholten sich hier u.a. der Schriftsteller Thomas Mann, der Maler Emil Nolde und auch NS-Reichsmarschall Hermann Göring. *Nachdem du die Eingangspforte passiert hast, biegst du direkt neben dem Haus auf einen Weg rechts in die Heide ein:* ein wunderschöner Pfad, der direkt durch das ❹ Gräberfeld der Krockhooger führt, eine Gruppe von hohen Rundhügeln aus der Bronzezeit.

300 m 5 Min.

INSIDER-TIPP
Gräber, gar nicht gruselig

❹ Gräberfeld der Krockhooger

Du kreuzt den Radweg, kommst zur Hauptstraße, die du ebenfalls querst, um auf der anderen Seite dem Radweg nach Norden zu folgen. Nach 200 m biegst du rechts in den Fußweg Grönning ein. An dieser schmalen Stelle kommst du bald auf die Ostseite der Insel. Die Häuser hier gehören zu den teuersten Immobilien Deutschlands.

3600 m 55 Min.

Am Fuß der Braderuper Heide spaziert man idyllisch am Wattenmeer entlang

AM WATT ENTLANG NACH BRADERUP

Der vor dir liegende Weg ist jetzt eindeutig. Immer am Watt entlang, führt er dich im Bogen in Richtung Süden zurück. Wenn du den Pfad am Wasser verlässt und dich rechts orientierst, befindest du dich bald im ❺ Naturschutzgebiet Braderuper Heide ➤ S. 60, das an den Ort ❻ Braderup ➤ S. 59 grenzt. *Du wanderst immer weiter am Rand des Weißen Kliffs entlang, bis rechts ein Stieg abgeht, der zur Straße Up de Hiir wird und zur Bushaltestelle am Martin-T.-Buchholz-Stich führt. Von dort ein Stückchen nach links* und du landest im Naturzentrum Braderup ➤ S. 60 mit dem Körnerladen ➤ S. 60 direkt nebenan, wo du auf der Sonnenterrasse z. B. ein Stück ökologisch korrekten Kuchen zu dir nehmen kannst.

❺ Naturschutzgebiet Braderuper Heide

1900 m 30 Min.

❻ Braderup

2400 m 35 Min.

Wenn du satt bist, geht es *auf dem Martin-T.-Buchholz-Stich ca. 200 m zurück nach Norden,* wo du in einer

scharfen Linkskurve auf die alte Poststation „Weißes Kliff" stößt, heute ein hübsches kleines Hotel. Gleich daneben solltest du unbedingt in der Manufaktur ➤ S. 60 stöbern und vielleicht einen leichten Lederbeutel für zukünftigen Wanderungen erstehen. Nach dem Einkauf *nimmst du schräg links gegenüber den Wiip Wai, von dem du dann rechts in den Bröns Wai abbiegst. An dessen Ende folgst du links dem Fußweg, der am Gelände des Golfplatzes entlangführt.*

7 Dorfteich

1300 m 20 Min.

1 Berthin-Bleeg-Straße

EIN LETZTES PÄUSCHEN AM ENTENTEICH

Der Weg mündet auf eine kleine, asphaltierte Straße namens Gaadt. Dieser folgst du nach links und wirst so unter der Umgehungsstraße nach Kampen hindurchgeführt. Gleich bist du am 7 Dorfteich ➤ S. 56 – setz dich auf eine der Bänke und schau den Enten zu! *Wenn du dich dann links hältst, kommst du nach ca. 500 m wieder zum Strandübergang* 1 Berthin-Bleeg-Straße *zurück.*

3 AUF VOGELSCHAU VON RANTUM ANS MORSUM-KLIFF

- ➤ Radeln auf dem Deich, Wasser auf beiden Seiten
- ➤ Lauter kleine Seen mit vielen Enten drauf
- ➤ Zum Schluss ein kulinarischer Stopp mit Heideblick

Sylt-Quelle

Morsum

4–5 Stunden

Strecke: knapp 20 km
reine Fahrzeit 2 Std.

Rechne für ein Leihrad mit 8–12 Euro, für ein E-Bike mit 22–27 Euro.
Busse ab Westerland-ZOB zur Haltestelle Rantum-Nord (Sylt-Quelle) von 8.15 bis 9.45 Uhr alle 15 Minuten, ab dann alle 20 Minuten, letzter Bus ab Morsum-Bahnhof 18.50 Uhr. Alle Busse haben Fahrradträger.
Pack ein Fernglas mit ein: Es gibt unterwegs jede Menge Vögel zu sehen!

Du startest in Rantum an der ❶ **Sylt-Quelle ➤ S. 85**, *und radelst von dort durch das kleine Gewerbegebiet zum ebenso kleinen, aber lebendigen Yachthafen. Von da kommst du nordwärts auf den Deich,* der das ❷ **Rantumbecken ➤ S. 89** vom Meer abgrenzt. Auf diesem fährst du nun die nächsten Kilometer – linker Hand zunächst Reet, dann die Wasserfläche des Beckens, rechts das Wattenmeer. Bald beschreibt der Deich eine Linkskurve und du entdeckst im Becken einige flache Inselchen: künstlich geschaffene Brutplätze für Seeschwalben und Möwen, die hier zur Brutzeit einen Höllenlärm veranstalten. *Am Ende des Rantumbeckens biegst du scharf nach rechts, also nach Osten ab und rollst den Deich hinunter auf den seeseitigen Weg vor dem Nössedeich.*

❶ **Sylt-Quelle**
1 km 6 Min.
❷ **Rantumbecken**

16 km 1 Std.

HIER WIRD JEDER ZUM BIRDWATCHER

Immer noch rechter Hand liegt das Wattenmeer, auf dem sich im Frühjahr und Herbst viele Tausende von Zugvögeln beobachten lassen. Doch auch im Sommer gibt es hier Enten und Watvögel in Menge zu sehen. *Nach etwa 6 km, kurz bevor der Deich eine deutliche Linkskurve beschreibt, musst du die Deichkrone überqueren,* da der Küstenweg vor dem Deich bald enden wird. Nach dieser kurzen Steigung radelst du nun hinter dem Deich weiter gen Osten, vorbei zunächst am **Katrevel** einem ehemaligen Meeresarm, der durch die Eindeichung zu einer Reihe von Süßwasserteichen wurde und heute ein Refugium vieler Vogelarten ist. Hier

INSIDER-TIPP
Schnatter, flöt, piep, pfeif ...

musst du auf jeden Fall anhalten und das Fernglas rausholen: Auf den Seen und im Watt hinterm Deich tobt fast immer das Vogelleben!

3 km weiter knickt die Straße, die nun Uasterhörn heißt, links ab in Richtung Norden nach Morsum. *An der ersten größeren Kreuzung biegst du links ab in den Terpstig und kurz danach rechts in den Nösistig, auf dem du über eine Brücke die Bahngleise überquerst.*

EINE STÄRKUNG MIT HEIDEBLICK

③ Morsum-Kliff

Hinter der Brücke geht es rechts in Richtung Naturschutzgebiet ③ Morsum-Kliff ➤ S. 69. Hier endet die Tour erst einmal, und zwar im Landhaus Severin's ➤ S. 71, wo du auf der Terrasse mit herrlichem Blick auf die naturgeschützte Heidelandschaft ringsum einen knackigen Salat oder ein Stück hausgebackenen Kuchen genießen kannst.

3 km 12 Min.

④ Morsum

Zum Schluss musst du leider noch mal *ca. 2,5 km zurückradeln bis zum Bahnhof in* ④ Morsum ➤ S. 69, von wo du aber bequem mit dem Fahrradbus über Keitum nach Westerland fahren kannst. Die Wartezeit auf den

Auf der Terrasse vom Landhaus Severin's kannst du den Energiespeicher wieder auffüllen

Bus lässt sich in der Sylter Seifenmanufaktur ➤ S. 71 verkürzen. Mit einem hier gekauften, exquisiten Duftstück wird das Duschen hinterher noch mal so schön.

4 EIN SPAZIERGANG DURCH KEITUM

- ➤ **Der Kliffweg: grüne Idylle am Wattenmeer**
- ➤ **Wunderhübsch: alte Friesenhäuser, blumenbunte Gärten**
- ➤ **Perfekter Mix: einkaufen, einkehren und zwischendrin ins Museum**

Start: Parkplatz West
Ziel: Parkplatz West
Dauer: 4 Stunden
Strecke: 4,4 km
reine Gehzeit 70–90 Min.
Info: Altfriesisches Haus und Heimatmuseum kosten je 6 Euro, das Kombiticket gibts für 10 Euro.

Du startest am ① Parkplatz West *am Ortseingang (hier hält auch der Bus aus Richtung Westerland) und gehst zunächst ein Stück auf Keitums Hauptstraße, dem Gurtstig. Bei der Gold- und Silberschmiede mit ihrem schönen Vorgarten biegst du halb links in den Erich-Johannsen-Wai ein, dann geht es quasi im Zickzack links in die Munkmarscher Chaussee, rechts in den Takerwai und wieder links in den Erich-Johannsen-Wai* – überall hier stehen gut gepflegte, hübsche alte Friesenhäuser. *Noch ein kleines Stück geradeaus und du kommst auf die Straße Am Kliff* und zu ② Nielsens Kaffeegarten ➤ S. 67.

① Parkplatz West

700 m 10 Min.

② Nielsens Kaffeegarten

20 m 1 Min.

③ Witthüs

2100 m 30 Min.

WATTWÄRTS: AUF ZUM GRÜNEN KLIFF!

Ob du wegen des herrlichen Blicks übers Wattenmeer hier schon eine Pause machen willst oder nicht – weiter geht es in jedem Fall zum ③ Witthüs ➤ S. 67, wo du Designobjekte auch schon im Vorgärtchen betrachten kannst, und *links den Hoyerstig hinab ans Wattenmeer. Du folgst nun dem sogenannten Kliff- oder Kurweg* – links das Meer, rechts das 10 m hohe Grüne Kliff. *Nach etwa 800 m erklimmst du das Kliff* (hier endet auch der obere Kliffweg an einem Aussichtspunkt mit Bänken).

KUNST UND KUCHEN – ODER WENIGSTENS EIN COFFEE TO SIT

Nun biegst du links in die Straße Am Tipkenhoog ein, die dich an den östlichen Ortsrand führt, an dem du rechts abbiegst. An der nächsten Ecke geht es links durch die Marsch bis nach Morsum; *du aber biegst rechts ab in den Ingiwai, der nach ca. 700 m in den Gurtstig mündet, dem du halb rechts und gleich wieder halb rechts in die C.-P.-Hansen-Allee folgst.* An dieser Ecke kannst du nun wirklich guten Gewissens ein Päuschen einlegen, nämlich rechter Hand im Café ❹ **Kamps** *(Mo–Mi 9–13, Do–So 9–18 Uhr | Gurtstig 41 | Tel. 04651 98390 | kamps-sylt.de)* mit seiner Kunstgalerie. Der Käsekuchen hier ist inselweit berühmt – ein Stück davon musst du unbedingt probieren!

❹ Kamps

INSIDER-TIPP
Köstlicher Käsekuchen bei Kamps

500 m 7 Min.

Nach dieser süßen Stärkung *gehst du unter dem lichtdurchflirrten Blätterdach der C.-P.-Hansen-Allee weiter in Richtung Ortsmitte, bis du rechts in den Weidemannweg einbiegst.* Hier steht gleich rechter Hand ein schönes weißes Kapitänshaus, das Weidemann-Haus.

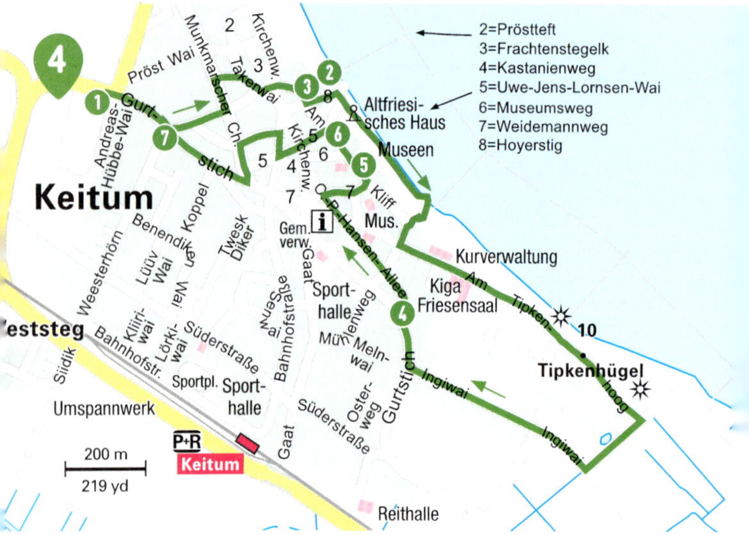

Was für ein Torbogen! Der Kiefer eines Finnwals weist dir den Weg ins Heimatmuseum

Der gleichnamige Weg, an dem du noch weitere hübsche Häuschen entdecken wirst, *stößt auf die Straße Am Kliff, auf der du dich nach links wendest* und vorbei am besuchenswerten ❺ Heimatmuseum ➤ S. 64 und am ebenso interessanten ❻ Altfriesischen Haus ➤ S. 64 *bis zum kreuzenden Uwe-Jens-Lornsen-Wai spazierst, in den du links einbiegst.*

❺ Heimatmuseum

100 m 1 Min.

❻ Altfriesisches Haus

KEITUMS KLASSIKER: DIE KLEINE TEESTUBE

Wiederum eine Ecke weiter (Bahnhofstraße) steht in einem Minipark eine Gedenksäule für Uwe-Jens Lornsen (1793–1838), einen der Vorkämpfer für ein geeintes Schleswig-Holstein. *In die Bahnhofstraße biegst du nun rechts ein und an der nächsten Ecke links in den Dikwai. Wenn du jetzt links in die Munkmarscher Chaussee einbiegst, kommst du nach wenigen Schritten auf den Gurtstig.* Hier kannst du auf der linken Straßenseite in der ❼ Kleinen Teestube ➤ S. 66 deinen Füßen endlich Ruhe und deinem Magen Futter gönnen, bevor du *dem Gurtstig folgend* wieder den ❶ Parkplatz West erreichst.

700 m 10 Min.

❼ Kleine Teestube

200 m 4 Min.

❶ Parkplatz West

GUT ZU WISSEN

DIE BASICS FÜR DEINEN URLAUB

ANKOMMEN

ANREISE

Mit der Bahn *(bahn.de)* geht es über den Hindenburgdamm, entweder im Personenzug (ab Hamburg rund drei Stunden) oder per Autozug: Sylt-Shuttle *(syltshuttle.de)* und RDC *(autozug-sylt.de)*. Die Verladung erfolgt in Niebüll, das man ab Hamburg in der Regel am schnellsten über die A7 bis Flensburg-Harrislee und ab da über die B199 oder aber über die A23 bis Husum und weiter über die B5 erreicht. Die einfache Fahrt mit einem PKW bis 6 m kostet 54 bzw. 49, die Hin- und Rückfahrt 96 bzw. 89, von Di bis Do 83 bzw. 81 Euro.

Viele Gäste lassen aber auch das Auto auf dem Festland stehen und fahren ab Niebüll (40 Min.) oder ab Klanxbüll (30 Min.) mit dem Zug. Parkplatzvermieter in Bahnhofsnähe haben sich in beiden Orten auf diese Klientel eingestellt.

Per Schiff kommt man über Dänemark auf die Insel: Die Fähre der Rømø-Sylt-Linie *(syltfaehre.de)* legt in List an. Dauer rund 45 Min., einfache Fahrt mit einem PKW bis 6 m 49,50, Hin- und Rückfahrt 81,50 Euro, bei An- und Abreise am selben Tag 72 Euro; Kombiticket Fähre/Sylt-Shuttle bei An- und Abreise am selben Tag 77 Euro. Eine regelmäßige Schiffsverbindung (kein Autotransport) gibt es von Juli bis Oktober auch ab Cuxhaven: In 2 ¼ Std. fährt der Katamaran *Adler Cat (Sa/So 9 Uhr | adler-schiffe.de)* bis Hörnum, das Rückfahrticket kostet 69–75 Euro. Und schließlich steuert der schnelle, umweltfreundliche Katamaran *Liinsand (Tel. 0700 981981981 | wattentaxi.de)* mit Hybridantrieb vom Heimathafen Husum aus als „Wattentaxi" zwölf Ziele im Wattenmeer an, darunter auch Hörnum.

Für alle Möwen, so auch für diese im Lister Hafen, gilt: Bitte nicht füttern!

Flugverbindungen gibt es im Sommer von zehn deutschen Städten sowie Zürich und Wien. Der Winterflugplan ist stark eingeschränkt. Vom Flughafen ins Quartier kommt man mit Taxi oder Mietwagen, jedoch beides nur auf Bestellung, ein Bus fährt den Flughafen nur dreimal täglich an. Einige Hotels bieten einen Shuttleservice an. *flughafen-sylt.de*

SAISONZEITEN

Die Sylter Saison beginnt zu Ostern. Spätestens da sind alle Restaurants und Hotels wieder geöffnet, und zwar bis zum Ende der Herbstferien. Die meisten Betriebsferien fallen in die Monate November bis Februar. Weihnachten, Silvester und die Biike gelten jedoch als Hochsaison. Die im Band angegebenen Ruhetage der Restaurants gelten im Allgemeinen ganzjährig – einige Lokale haben jedoch in den Sommermonaten durchgehend geöffnet.

WEITERKOMMEN

BUSSE

Der Busbahnhof, kurz ZOB, liegt direkt am Bahnhof in Westerland. Fünf Linien der Sylter Verkehrsgesellschaft *(svg-sylt.de)* bedienen in der Saison im 15-Minuten-Takt (im Winter alle 20–60 Minuten) alle Inselorte. In Westerland/Tinnum gibt es drei Stadtbuslinien (Einheitspreis 2 Euro), die werktags stündlich verkehren (sonntags kein Betrieb). Im Sommer ist zwischen List-Weststrand und List-Hafen der „Strandverkehr" eingerichtet (2,60 Euro). Das Preissystem der Inselbusse ist etwas kompliziert, da es feste Tarifzonen gibt. Die Fahrt innerhalb einer Zone kostet 2 Euro, egal wie weit. Es kann aber auch passieren, dass Sie nur 500 m fahren und 2,60 Euro zahlen, wenn Einstieg und Ausstieg zwei Zonen berühren. Etwas günstiger fährt, wer die wiederaufladbare *SVG-Spar-Card* (ab 20 Euro) erwirbt. Außerdem gibt es neben Wochen- und Monatskarten auch 3- bis 7-Tage-Karten und Familien-Tageskarten. Busfahrpläne liegen überall auf der Insel aus. Alle Linienbusse sind mit einem Fahrradgestell für bis zu fünf Räder ausgerüstet (pro Rad 2–4,80 Euro).

MIETFAHRZEUGE

Für alle, die nicht mit dem eigenen Wagen auf die Insel kommen, gibt es eine Reihe von Autovermietungen. Ein Kleinwagen von *Syltcar.com* (z. B. im Pavillon am Bahnhof Westerland) kostet im Sommer ab 32 Euro/Tag bei einer Miete ab sieben Tagen. Beim selben Anbieter sind auch mit Strom betriebene Kleinwagen zu mieten (es gibt zehn Ladesäulen auf der Insel). Viele der über 25 Sylter Fahrradverleihe bieten auch E-Bikes an (ab 22 Euro/Tag, Wochentarif ab 15 Euro/Tag).

RUNDFAHRTEN

Eine Inselrundfahrt mit dem komfortablen Doppeldeckerbus ist eine gute Möglichkeit, die meisten Orte kennenzulernen und einen Eindruck von der inseltypischen Landschaft zu bekommen. Die Sylter Verkehrsgesellschaft SVG bietet diese kundig kommentierte Tour ganzjährig an, sie beginnt und endet am ZOB in Westerland. *Große Rundfahrt tgl. 14–17.15 (Nov.–Feb. 13–16) Uhr | 19,50 Euro; Kleine Rundfahrt April–Okt. tgl. 11–13 Uhr | 17 Euro. Tickets im SVG-Pavillon am Bahnhof, Restkarten vor der Abfahrt im Bus | Infos Tel. 04651 836100 | svg-busreisen.de.* Die Große Rundfahrt kann man mit einer kurzen Seefahrt zur Hörnum-Odde kombinieren (Tickets beim Busfahrer).

Ausgefallener ist – von April bis Oktober – eine Tour per Fahrradrikscha mit *Velotaxi Sylt (Tel. 0178 2910118 | sylt-velotaxi.de).* Die Fahrer der elektromobilen Inselcruiser kennen sich perfekt aus und man zuckelt allein oder zu zweit vor Regen geschützt gemütlich über die Insel. Alle möglichen Touren sind buchbar, aber auch Kurzstrecken, stundenweises Mieten *(38 Euro)* oder gleich eine ganze Tagestour. Buchung per Handzeichen, E-Mail, Telefon oder Whatsapp.

SCHIFFSAUSFLÜGE

In den Häfen von Hörnum und List legen die Schiffe zu Touren in die Welt des Wattenmeers ab: Ob es mit Mitarbeitern des Nationalparks zu den Seehundsbänken geht (mit Fang von Seegetier) oder auf eine ein- bis zweistündige Rundfahrt durchs Welterbe – die Angebote sind vielfältig. Ab Hörnum fahren auch die Ausflugsdampfer zu den Halligen und zu den Nachbarinseln Amrum und Föhr und nach Helgoland. Und wenn du dir doch die Füße nass machen willst: Es werden sogar mit einer Wattwanderung kombinierte Schiffstouren angeboten. Nostalgiker können sich auf Fahrten mit restaurierten Fischkuttern den Nordseewind um die Nase wehen lassen: In List legen sie ab zu den Seehunden vor Rømø oder zu den Lister

INSIDER-TIPP
Das matscht so schön und tut so gut!

FESTE & EVENTS
RUND UMS JAHR

FEBRUAR
Biikebrennen am 21. Feb. – s. S. 18

MÄRZ
Syltlauf: Bis zu 1500 wetterfeste Läufer bewältigen die 33 333 m von Hörnum bis List.

OSTERN
Ostermarkt (Morsum): Kunsthandwerk und Eiersuchen für die Kids

JUNI–SEPTEMBER
Kampener Literatursommer, *kampen.de:* Bekannte Autoren und Journalisten lesen im Kaamp-Hüs aus ihren Werken.
Windsurf-Cup (Westerland), *windsurfcup.de:* Acht Tage lang surfen die Weltbesten beim Summer Opening.
Kampen Jazz by Till Brönner (Kampen), *kampen.de:* zwei Tage Jazz vom Feinsten am Strönwai
Dorfteichfest (Wenningstedt), *wenningstedt.de:* familiäres Fest mit Gastronomie und Kunsthandwerk
Meerkabarett (Rantum und Keitum), *meerkabarett.de:* Piet Klockes Saisoneröffnung in der Sylt-Quelle ist Kult.
Hafenfeste (List und Hörnum): jeweils drei Tage Jubel, Trubel, Heiterkeit
Sylt Sailing Week (Westerland), *syltsailingweek.de:* zehn Tage, vier Regattaserien in verschiedenen Klassen

SEPTEMBER–OKTOBER
Windsurf World Cup (Westerland), *worldcupsylt.de:* zehntägiges Saisonfinale mit Kürung der Weltmeister in vier Disziplinen

NOVEMBER–DEZEMBER
Weihnachtsmarkt **Jööltir ön Muasem** (Morsum): „Weihnachtszeit in Morsum" – nostalgisch und glühweinselig

DEZEMBER–JANUAR
Hygge (Westerland): Sylter Wintermarkt
Weihnachtsbaden (Westerland) und **Neujahrsbaden** (Wenningstedt): Die beiden nassen Events am 26. Dez. und 1. Jan. sind nichts für Warmduscher ...

Informier dich, bevor du Leine gibst: Nicht an allen Stränden sind Drachen erlaubt!

Austernbänken oder auch zu einer kurzen Krabbenfangfahrt (jeweils mit Verkostung). Infos und Fahrkarten an den Häfen und u. a. bei *Adler-Schiffe (Boysenstr. 13 | Westerland | Tel. 04651 9 87 08 88 | adler-schiffe.de).*

IM URLAUB

AUSKUNFT

Im *Tourismus-Zentrum Sylt (Stephanstr. 6 | Tel. 04651 99 88 | buchungszentrum-sylt.de)* in Westerland erhältst du alle nötigen Informationen. Das Büro – und seine Zweigstelle im Bahnhof – übernimmt auch die Zimmervermittlung. Außerdem gibt es in jedem Ort eine Touristeninformation.

BADEN & FKK

Die Wasserqualität wird ständig kontrolliert – sie ist eine der besten an der ganzen Nordseeküste. Die bewachten Strandabschnitte werden von Rettungsschwimmern beaufsichtigt. Wenn an deren Strandkarren die gelbe Flagge gehisst wird, ist das Baden nur unter Aufsicht erlaubt, die rote Flagge signalisiert Badeverbot, weht die grüne Flagge, ist alles in Ordnung. Gelbe Andreaskreuze oder rote Warnschilder weisen auf die (bei Hochwasser nicht zu sehenden!) Buhnen hin. Diese hölzernen, steinernen oder metallenen Küstenschutzwerke von anno dunnemals können gefährliche Strömungswirbel bilden und – soweit sie aus scharfkantigem, verrostetem Stahl bestehen – ernsthafte Verletzungen verursachen.

Wer den Boden unter den Füßen verliert, kann von einer seewärts ziehenden Strömung erfasst werden, dem Trecker, der sich an den engen Stellen zwischen den Sandbänken aufbaut. Wer an einem unbewachten Badestrand in diesen Sog gerät, sollte nicht in Panik geraten und auf keinen Fall dagegen ankämpfen. Hinter den Sandbänken verliert der Trecker seine Kraft – wer ein Stück parallel zur Küste schwimmt, kann fernab dieser Strömung dann wieder den Strand erreichen.

Die Wasser- und Lufttemperaturen sind an den Strandübergängen ausgehängt. Das Nordseewasser erreicht auch im Hochsommer selten 20 Grad. Wer es lieber etwas wärmer hat, dem sei das flache Wattenmeer empfohlen (bei Hochwasser kann man problemlos an vielen Stellen an der Ostseite der Insel schwimmen), denn wenn die Flut über den aufgewärmten Watten-

meerboden geströmt ist, erreicht das Wasser hier Temperaturen bis zu 28 Grad.
Klappholttal war 1927 der erste legale FKK-Strand auf Sylt, der berühmteste ist bis heute sicherlich Buhne 16 in Kampen. Mittlerweile hat jeder Ort einen FKK-Strandabschnitt. Die Grenzen zu den Textilstränden sind fließend.

CAMPING

Es gibt sieben Campingplätze auf Sylt; Infos zu ihnen auf den folgenden Websites: *campen-in-kampen.de, campingplatz.wenningstedt.de, campingplatz-westerland.de, campingplatz-suedhoern.de* (Tinnum), *camping-rantum.de, campingplatz-sylt.de* (Morsum), *hoernum.de*

DRACHEN

Jeder Ort hat eigene Bestimmungen für die Nutzung von Lenkdrachen, die es beim jeweiligen Tourismusservice gibt. Die Strandabschnitte, an denen du deinen Drachen steigen lassen darfst, sind extra ausgewiesen. In Brut- und Schutzgebieten dürfen grundsätzlich nur Vögel fliegen.

FÜHRUNGEN

Im Rahmen spezieller Führungen präsentieren dir kompetente Menschen die vielen Facetten ihrer Insel, z. B.:
- Die Sylter Orte bringt dir Silke von Bremen auf ihren *Dorfführungen* näher – besonders viel Spaß macht es, ihr durch Keitum oder Kampen zu folgen. *guideaufsylt.de*
- *Geologie, Küstenschutz und Klimawandel* sind die Themen von Dr. Ekkehard Klatt auf seinen höchst anschaulichen und lehrreichen Führungen z. B. am Morsum-Kliff oder um die Hörnum-Odde. *geotourssylt.de*
- Eine *Wattwanderung* muss auf Sylt unbedingt sein. Das Nationalpark-Haus *(naturgewalten-sylt.de)*, die Naturschutzgemeinschaft Sylt *(naturschutz-sylt.de)* und die Schutzstation Wattenmeer *(schutzstation-wattenmeer.de)* bieten solche matschigen Exkursionen an.
- Wer eine *Fahrradtour* unter kundiger Leitung machen möchte, ist bei Rolf Paulsen richtig: Auf verschiedenen Touren mit dem Schwerpunkt Natur kann man die ganze Insel erradeln. *birgit.paulsen-klein@t-online.de* und *sylt.de*, Stichwort „Gästeführer".

Viele weitere Touren und mehr Information enthalten die Broschüre „Gästeführungen", die du beim Tourismus-Service bekommst, und die Website *sylt-fuehrung.de*.

GEZEITEN

Da das Wasser sechs Stunden und 13 Minuten lang aufläuft (Flut) und

GRÜN & FAIR REISEN

Du willst beim Reisen deine CO_2-Bilanz im Hinterkopf behalten? Dann kannst du deine Emissionen kompensieren *(atmosfair.de; myclimate.org)*, deine Route umweltgerecht planen *(routerank.com)* oder auf Natur und Kultur *(gate-tourismus.de)* achten. Mehr über ökologischen Tourismus erfährst du hier: *oete.de* (europaweit); *germanwatch.org* (weltweit).

WAS KOSTET WIE VIEL?

Imbiss	5–6 Euro *für ein Krabbenbrötchen*
Strandkorb	7–11 Euro *für die Miete pro Tag (je nach Mietdauer)*
Bier	3–4 Euro *für 0,25 l vom Fass*
Fahrrad	8–10 Euro *für die Miete pro Tag*
Kuchen	3,50–4,50 Euro *für ein Stück Friesentorte im Café*
Kurabgabe	2,50–3,30 Euro *pro Tag und Person in der Hauptsaison*

ebenso lange abläuft (Ebbe), ergeben zwei Tiden (Ebbe und Flut = Tide) knapp 25 Stunden. Das ist der Grund dafür, warum sich die Zeiten für Hochwasser und Niedrigwasser täglich um rund eine Stunde verschieben. Die Zeiten sind von Ort zu Ort verschieden, besonders groß ist der Unterschied zwischen der West- und der Ostseite der Insel.

Für längere Strandspaziergänge ist es sinnvoll, sich vorher über Ebbe und Flut im Tidenkalender zu informieren, der kostenlos in allen Kurverwaltungen erhältlich ist. Denn wer bei Flut losmarschiert, muss mühevoll durch den trockenen Sand gehen. Bei Ebbe hingegen läuft man über jenen Sand, der von der vorangegangenen Flut festgewalzt wurde.

INTERNETZUGANG

Ins Netz kommst du an drei Stellen in Westerland: im Foyer des *Tourismusservice (Strandstr. 35)*, im *Infocenter (Friedrichstr. 44)* und in der *Sylt-Bibliothek (Stephanstr. 6 | sylt-bibliothek.de)*.

KLIMA & KLEIDUNG

Auf Sylt herrschen überwiegend Seewinde. Wenn sie auf die Küste treffen, sind sie extrem schadstoffarm und unbelastet von jeglichen Allergenen. Besonders gesund ist ein Spaziergang am Strand entlang der Brandung, denn so werden durch die Atmung die salzreichen und heilenden Meerwasseraerosole aufgenommen. Aber Achtung, denk an ausreichenden Sonnenschutz! An der See ist die Sonneneinstrahlung besonders intensiv; auch bei bedecktem Himmel kann man sich leicht einen Sonnenbrand holen. Wenn es mal etwas frischer ist, bewährt sich das Zwiebelschalenprinzip: Mit mehreren (leichten) Pulloverschichten und einer Regenjacke kannst du dich am einfachsten den Wetterverhältnissen anpassen.

KINDERBETREUUNG

Nicht nur in den Schulferien werden Urlaubskinder auf Sylt rundum versorgt und bespaßt. In Westerland sind dafür die *Villa Kunterbunt (Mai–Okt. Mo–Fr 10–17, Nov.–April 10–15 Uhr | obere Strandpromenade beim Syltness-Center | Tel. 04651 99 82 75)* und der *Confetti Kinderclub (tgl. 10–17, in der Hauptsaison bis 18 Uhr | Gaadt 31 | Tel. 04651 85 04 44)* zuständig. In Kampen befindet sich der *Kampino Kinderclub (Sommerferien tgl. 10–18*

Uhr | Hauptstr. 12 | Tel. 04651 4 69 80) im Gebäude des Tourismusservice.

KREDITKARTEN

Kreditkarten werden nur in ungewöhnlich wenigen Geschäften und Restaurants akzeptiert, EC-Karten aber so gut wie überall. Für die (Online-) Reservierung besserer Hotels und Ferienwohnungen ist eine Kreditkarte allerdings vielfach erforderlich.

KURABGABE

Jeder Gast auf Sylt muss pro Tag eine Abgabe zahlen, die je nach Ort und Saison variiert (der Maximalbetrag sind 3,30 Euro pro Tag in der Hochsaison). Sie wird u. a. für die Finanzierung der Rettungsschwimmer oder für die Strandreinigung verwendet. Ausgestellt wird die Gästekarte, ohne die man keinen Zugang zum Strand erhält, von den Vermietern. Es gibt auch Tageskarten, sie kosten maximal 4 Euro.

UNTERKUNFT

Du kannst auf Sylt Unterkünfte in jeder Preisklasse finden, vom Einzelzimmer mit Frühstück für 50 Euro bis zur Suite für 1500 Euro pro Nacht. Während Kampen, Braderup und Keitum ein eher teures Pflaster sind, gibt es besonders in Tinnum, aber auch in Hörnum noch preiswerte Unterkünfte. Kurzfristig Unterkunft in Westerland findest du bei der Zimmervermittlung im Bahnhof. In der Nebensaison gibt es oft attraktive Sonderangebote. Einige Vermieter gewähren Rabatte, wenn du das Wochenende auslässt, also sonntags an- und zwischen Montag und Donnerstag wieder abreist.

WETTER IN WESTERLAND

Hauptsaison: Juni – Sept. | Nebensaison: Jan. – Mai, Okt. – Dez.

	JAN.	FEB.	MÄRZ	APRIL	MAI	JUNI	JULI	AUG.	SEPT.	OKT.	NOV.	DEZ.
Tagestemperaturen	3°	2°	5°	10°	15°	18°	20°	20°	17°	12°	8°	5°
Nachttemperaturen	-1°	-2°	0°	4°	8°	11°	14°	14°	12°	8°	4°	1°
Sonnenschein Stunden/Tag	2	3	4	6	7	9	7	7	5	3	2	2
Niederschlag Tage/Monat	12	9	8	8	7	7	10	12	12	13	13	13
Wassertemperatur in °C	4	3	4	6	10	13	17	17	15	13	9	6

URLAUBS FEELING

ZUM EINSTIMMEN & AUSKLINGEN

LESESTOFF & FILMFUTTER

FASZINATION SYLT

Natur, Badeleben, Traditionen einer Insel: ein wunderbarer, Appetit machender Bildband von 2016 mit Fotos von Siegfried Layda und den kundigen Texten des Geologen und Sylter Inselführers Ekkehard Klatt.

SYLT – MEINE INSEL

Dass auch Schwarz-Weiß-Fotos die „Faszination Sylt" rüberbringen können, demonstriert eindrucksvoll der Keitumer Lehrer, Kommunalpolitiker und Fotograf Bleicke Bleicken. Seine Bilder aus den Jahren 1925 bis 1964 sind ein tolles zeitgeschichtliches Dokument.

DIE FLUT IST PÜNKTLICH

Nach einer Kurzgeschichte von Siegfried Lenz drehte Thomas Berger 2013 dieses facettenreiche Beziehungsdrama mit Jürgen Vogel, Ina Weisse, August Zirner und Bernadette Heerwagen; weitere Hauptdarsteller sind Sylt, Rømø und das Meer.

MEIN SYLT

Eine „Liebeserklärung an einen magischen Ort", sagte Autor Fritz J. Raddatz 2006 über sein Buch, das unter Syltfans längst Kultstatus hat – denn treffender als er kann man die Insel kaum beschreiben.

PLAYLIST QUERBEET

0:58

II DIE ÄRZTE – WESTERLAND
Ein echter Gassenhauer der Kultband und längst so was wie eine Sylthymne

▶ ACHIM REICHEL – PIDDER LÜNG
Klanggewaltige Vertonung von Detlev von Liliencrons Syltballade

▶ ÜÜS SÖL'RING LÖN
„Unser Sylter Land" ist Sylts wahre Hymne und wird vorwiegend zur Biike gesungen

▶ BUHNE 16 – ON THE BEACH 1–5
Der Chillout-Soundtrack zum legendären Strand in Kampen

▶ KNUT KIESEWETTER – FRESENHOF
Kaum jemand hat Nordfriesland in seinen Liedern so gut eingefangen

▶ PONY CLUB KAMPEN – VOL. 1–8
Augen zu und sich zu Lounge, Groove und Swing in den Urlaub zurückträumen

Den Soundtrack zum Urlaub gibt's auf **Spotify** unter **MARCO POLO Nordsee**

Oder Code mit Spotify-App scannen

AB INS NETZ

TYPISCH SYLT – SERVICE PUR
Jede Menge Informationen über die Insel hält diese App bereit: lokale News, die aktuellen Fahrpläne der Inselbusse, Wettervorhersage, Gezeiten- und Veranstaltungskalender und vieles mehr.

BEACH EXPLORER
Was für 'ne Muschel ist das ... oder ist das Müll? Am Strand was gefunden, das du nicht kennst? Mit dem Smartphone fotografieren, mit Hilfe dieser App hochladen und zack: identifizieren. So einfach ist das!

SANSIBAR SYLT
App mit allen Infos rund ums gleichnamige Kultrestaurant. Die aktuelle Speisekarte ist mit einem Klick aufrufbar.

SJÜÜN
Zwölf Kunstwerke aus Keitums Heimatmuseum werden erlebbar auf einer Wanderung zwischen Hörnum und List. Dieses ist die App dazu.

ANTENNE-SYLT.DE UND SYLT1.TV
Das Inselradio mit aktuellen Meldungen und Veranstaltungstipps gibt es genauso als App wie das Sylter Fernsehen.

TRAVEL PURSUIT

DAS MARCO POLO URLAUBSQUIZ

Weißt du, wie Sylt tickt? Teste hier dein Wissen über die kleinen Geheimnisse und Eigenheiten von Land und Leuten. Die Lösungen findest du in der Fußzeile. Und ganz ausführlich auf den Seiten 18–23.

❶ Wie viele Tierarten leben im Wattenmeer?

a) 150
b) 750
c) 1500

❷ Was ist ein Austernfischer?

a) Eine Weißweincuvée von Deutschlands nördlichstem Weinberg in Keitum
b) Ein Watvogel
c) Eine große Krebsart

❸ Was ist eine Biike?

a) Eine Wegmarkierung im Watt
b) Ein großer Haufen aus Gestrüpp oder Holz
c) Ein Seezeichen

❹ Wie viel kosten die Sandaufspülungen an Sylts Westküste durchschnittlich in einem Jahr?

a) 500 000 Euro
b) 5 Mio. Euro
c) 15 Mio. Euro

❺ Was wird nicht aus der Sylter Rose hergestellt?

a) Likör
b) Marmelade
c) Seife

❻ Wie heißt Weihnachten auf Söl'ring?

a) Juul
b) Jööl
c) Wiehnacht

Achtung, Spoiler – erst nach dem Quiz lesen: Was hier flattert, sind Austernfischer

Lösungen: 1c, 2b, 3b, 4b, 5a, 6b

Nolde.

IN SEEBÜLL ERLEBEN. MEHR ALS EIN MUSEUM.

© Nolde Stiftung Seebüll

ERLEBEN SIE DEN BERÜHMTEN MALER EMIL NOLDE

Sein Werk, sein Haus, sein Leben: Der prachtvolle Künstlergarten, das Museum mit der aktuellen Jahresausstellung und das Café laden zum Verweilen ein. Kinder freuen sich auf eine Schnitzeljagd und den phantasievollen Spielplatz.

TÄGLICH 10 – 18 UHR
1. MÄRZ BIS 30. NOVEMBER

NOLDE STIFTUNG SEEBÜLL
SEEBÜLL 31, 25927 NEUKIRCHEN
TEL. +49 (0)46 64-98 39 30
NOLDE-STIFTUNG.DE

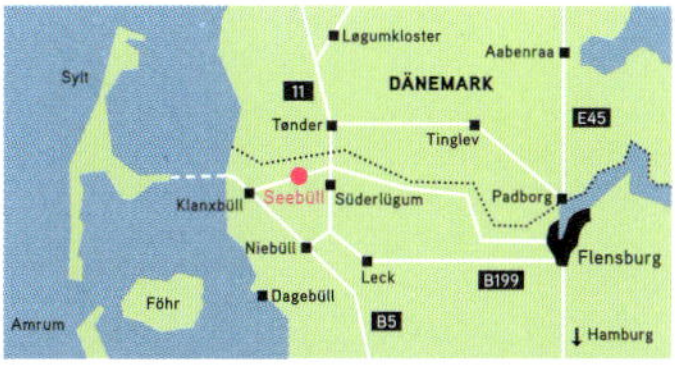

REGISTER

LOB ODER KRITIK? WIR FREUEN UNS AUF DEINE NACHRICHT!

Trotz gründlicher Recherche schleichen sich manchmal Fehler ein. Wir hoffen, du hast Verständnis, dass der Verlag dafür keine Haftung übernehmen kann.

MARCO POLO Redaktion • MAIRDUMONT • Postfach 31 51
73751 Ostfildern • info@marcopolo.de

Impressum
Titelbild: Strand in Rantum (Huber-images: Ch. Bäck)
Fotos: DuMont Bildarchiv: S. Lubenow (Klappe hinten, 63, 68, 75, 95), Raach (8); Huber-images: Ch. Bäck (80/81), L. Da Ros (96/97, 110/111, 118/119), G. Gräfenhain (11, 83, 102/103), Huber (88), S. Lubenow (23, 76), Mader (6/7), TC (35); laif: R. Brunner (84), A. Hub (42/43, 86), C. Kerber (31), G. Lengler (72), H. Mueller H. (50/51), D. Schmid (20, 30, 61), G. Theis (66); laif/hemis.fr: E. Berthier (45); laif/Le Figaro Magazine: St. Gladieu (70); Lookphotos: T. Grundner (113), A. Haug (Klappe vorne außen, Klappe vorne innen/1), H. Leue (114), S. Lubenow (14/15, 49, 55, 59, 93), Daniel Schoenen Fotografie (12/13); Mato/Schapowalow: G. Gräfenhain (2/3); mauritius images: Ch. Bäck (19, 38/39), J. Clasen (28), Laue (109), Merten (47), R. Meyer (24/25); mauritius images/alamy: P. Kazmierczak (106); mauritius images/alamy/Wildscotphotos (120/121); mauritius images/foodcollection (9, T. Bumann (26/27); mauritius images/imagebroker (57, S. Lubenow (32/33), K. Schulz (27); mauritius images/Novarc: A. Schmies (10); mauritius images/Westend61/Artmedia (4); A. M. Schuppius (123); T. Schuppius (77)

18. Auflage 2020, komplett überarbeitet und neu gestaltet
© MAIRDUMONT GmbH & Co. KG, Ostfildern
Autoren: Silke von Bremen, Arnd M. Schuppius; Redaktion: Nikolai Michaelis; Bildredaktion: Barbara Mehrl
Kartografie: © MAIRDUMONT, Ostfildern (S. 36/37, 98, 105, 108, Umschlag außen); Kompass Karten GmbH, A-Innsbruck © MAIRDUMONT, Ostfildern (S. 101, Faltkarte); © MAIRDUMONT, Ostfildern, unter Verwendung von Kartendaten von OpenStreetMap, Lizenz CC-BY-SA 2.0 (S. 40/41, 44, 52, 56, 64, 78, 91)
Gestaltung Cover, Umschlag und Faltkartencover: bilekjaeger_Kreativagentur mit Zukunftswerkstatt, Stuttgart; Gestaltung Innenlayout: Langenstein Communication GmbH, Ludwigsburg
Texte hintere Umschlagklappe: Lucia Rojas; Konzept Coverlines: Jutta Metzler, bessere-texte.de

Printed in China

MIX
Paper from responsible sources
FSC® C124385
www.fsc.org

MARCO POLO AUTOR
ARND M. SCHUPPIUS
Er kippelte und – schwupp lag er samt Korb wie ein Käfer auf dem Rücken, bis ihn zwei kräftige Kollegen von dem dummen Ding befreiten, sodass er sich sein Ferientaschengeld weiterhin mit dem Schleppen von Strandkörben verdienen konnte. Das war Mitte der 1970er-Jahre in Wenningstedt. Heute sitzt der Lektor, Redakteur und Autor gemütlich mehrmals im Jahr in so einem Möbel und schaut aufs Meer.

BLOSS NICHT!

FETTNÄPFCHEN UND REINFÄLLE VERMEIDEN

MÖWEN FÜTTERN

Auf die schlauen Vögel passt die Redensart vom kleinen Finger und der ganzen Hand: Hast du sie erst mal angefüttert, umkreisen sie dich aggressiv und es kommen immer neue. In Westerland kann das Füttern bis zu 1000 Euro Strafe kosten.

DEN HUND VON DER LEINE LASSEN

Nicht nur in den Naturschutzzonen der Insel herrscht – zum Schutz der Vögel und Schafe – Leinenzwang! Wo Hunde frei rumlaufen können und wo du Hundestrände findest, erklärt der Flyer „Urlaub mit Hund".

QUER DURCH DIE DÜNEN LATSCHEN

„Dünenschutz ist Inselschutz": Die Dünen dürfen nur auf den ausgewiesenen Wegen betreten werden. Die Trampelpfade, die du hier und da siehst, können das Ende einer Düne bedeuten, weil hier das Wurzelwerk des Strandhafers den Sand nicht mehr zusammenhält: Der Wind wird die Düne am Ende abtragen.

RÜCKSICHTSLOS RADELN

Viele Sylter Radwege sind zwar nicht gerade super, aber fahr trotzdem dort und klingel nicht Spaziergänger aus dem Weg. Auch nebeneinander fahrende Radlerkohorten, als ob die Straße ihnen allein gehöre, sind oft Anlass für Ärger.

VERSUCHEN, PLATT ZU SPRECHEN

Wenn schon, dann heißt das „Platt snacken". Und das muss man können, es ist schließlich eine eigene Sprache. Mit dem Gruß „Moin" kannst du wenig falsch machen, aber alle weiteren Versuche werden eher als „platte" Anbiederung belächelt.